怒っていい!?

(`皿´)

心理療法家
矢野惣一

〈誰にも嫌われない〉
〈相手を傷つけない〉怒り方

ヒカルランド

序文「幸せになる上手な怒り方」

作家
ひすいこたろう

怒りの感情は、あなたの大切な本心の一部です。

本当の音、と書いて「本音」。

あなたの内側の心の声、本当の音に寄り添ったときに、あなたの魅力は最大限に広がります。

実は、「怒った方がさらに幸せになれる」のです。

怒った方がさらに相手との人間関係をよくできるのです。


こう書くと、「そんな馬鹿な!?」と、あなたは思ったことでしょう。

確かに、いままでのように怒りを表現したのでは人間関係を崩します。

また、逆に怒りを表現せず、内側にためこんだままでも、そのストレスから病気になってしまうこともあるでしょう。


怒りは、爆発させても人間関係を壊すし、ためこんだままでも不幸になる。

裏をかえせば、それほどの強いエネルギーをもっているのが怒りなんです。

怒りは、炎の感情と言っていい。

炎は、人を焼き尽くす力をもちますが、同時に、上手に利用すれば、おいしい料理をつくるのにかかせないものにだってなる。

怒りというエネルギーを使いこなせば、さらにパワフルに人生を幸せに切り開く力の源泉にできるのです。

しかし、残念ながら、僕らは学校で、怒りの上手な利用法を1秒も習っていません。

では、どのように怒りの感情を表現すると、いまよりさらにあなたらしくなり、幸せになれるのか？

そのことを、日本を代表する心理療法家・矢野惣一先生がまとめたのがこの本です。

テーマは「怒り」ではありますが、それだけではなく、自分のネガティブな感情全般とどう付き合っていけばいいのかまでわかるように、心のプロフェッショナル、矢野惣一先生が見事なまでに解説してくれています。

さて、申し遅れましたが、少し、僕の自己紹介をさせていただきますね。

僕は、『3秒でハッピーになる名言セラピー』『あした死ぬかもよ？』『世界一ふざけた夢の叶え方』など、40冊近い本を書かせてもらっています。

僕が人生をかけて追求しているテーマは、どうすれば人はもっと清々しく生きられるのか、です。そのための、ものの見方、自分の魂の、未知なる可能性の広げ方を研究しています。

そのなかで、矢野先生の「心の専門家養成講座」に半年間、通わせていただいたことが、僕の大きなターニングポイントになりました。

自分の本音にちゃんと寄り添い、より深く自分とつながれるようになる大きなきっかけを矢野先生よりいただきました。

＊　＊　＊

かつて、自著『3秒でハッピーになる名言セラピー　英語でしあわせ編』のなかで、このようなことを書かせてもらったことがあります。

「ヒーリング」「癒し」という言葉を最近よく見かけますが、では、癒しとは何か、語源的に考えると、その本質がわかります。

「heal（癒す）」の語源はギリシャ語の「holos」で「全体」という意味です。この「holos」から「全体」を意味する英語「whole」も生まれています。「聖なる（holy）」の語源も「全体（whole）」です。

部分に分けるのではなく、全体の中にこそ、聖なるものがあり、癒しがあるということです。

感情についても、まるごと全体を味わうことで「癒し」が生じるのです。

太陽の光はプリズムを通すと、7色に分かれます。だから虹が見えるわけですが、一色でも欠けると太陽の光に戻れないんです。

怒りの感情だって、あなたの大切な心のかけら。ひとつでも欠けたら光に戻れないんです。

ラテン語で「味わう」を「sapere（サピエール）」といいますが、この「sapere（サピエール）」が「知恵」という意味の「sapiens（サピエンス）」の語源になります。

つまり、あるがままをあるがままに「味わう」こと、そこが「知恵」の始まりになるんです。

「勇気（courage）」という英語だって分解すると
「cour（こころ）」＋「age（集合）」＝「courage」（勇気）
こころを全部、集合させると、「勇気」になるよと教えてくれています。

出典『3秒でハッピーになる名言セラピー　英語でしあわせ編』

怒りや不安や嫉妬などのネガティブな感情はずっと毛嫌いされてきました。

見ないように隠されてきました。

「でも、それも大事なあなたのこころの一部だよ」と教えてくれたのが矢野先生です。

矢野先生は、この本のなかでこう言っています。


「怒りは、あなた自身とあなたの大切な人や物を守るためにある感情」


矢野先生の「心の専門家養成講座」の最後の授業で、矢野先生は僕らにキャンドルをプレゼントしてくれました。

そして参加者全員が輪になり、部屋の電気が消されました。矢野先生は、その闇のなかを歩き、ひとりひとりのキャンドルに灯りをともしていきます。

そして全員の灯りをともすと、矢野先生は言いました。

「あなたは、キャンドルの光と蛍光灯の光と、
どちらが美しい、どちらが温かいと感じますか？」

しばらく間をおいて矢野先生は続けました。

「キャンドルですよね。どうして、私たちは、蛍光灯の光よりキャンドルの光を美しい、温かいと感じるのでしょうか？

それは、キャンドルの光が闇と共存しているからです。

蛍光灯は、闇を打ち消しています。

けれど、キャンドルは何十本、何百本になっても闇を打ち消すことはありません。

私たちが、キャンドルの光を美しい、温かいと感じるのは、闇と共存しているからなのです。

人間もそうではないでしょうか。

私たちは、ただ明るいだけ、ただ強いだけの人を美しい、温かいとは感じません。

悲しみを乗り越えた人、
怒りを相手を傷つけることを目的としてでなく表現できる人、
自分の弱さを認めて助けを求められる人……。

そんな、自分のなかの光と影を共存させている人を私たちは、美しい、温かい人と感じるのではないでしょうか。

そんな闇と共存する温かで美しい光を、

皆さんに広げていっていただきたいと思います」

今日、あなたの光と闇が統合されます。

今日、あなたは温かく、そして美しい人になる、その偉大な一歩を踏み出します。

何万冊と本があるなかで、この本を手にとったあなたに、僕はこころからの祝福を贈りたい。

おめでとうございます。

はじめに――

「これでもあなたは怒らない人になりたいですか？」

あなたは、怒ることが嫌いですか？

怒りさえしなければ、人間関係がもっとよくなると思いますか？

怒りの感情は皆から嫌われています。多くの人が、できれば怒りたくない、どんなことが起きても怒らないで平常心を保てるような人格者になりたいと思っています。

しかし、怒らないことで、本当に人間関係がよくなって幸せになれるのでしょうか？　怒らない人は本当に人格者として扱われるのでしょうか？

そのことを教えてくれる実例があります。病気で脳の怒りを司《つかさど》る部位の機能を失ってしまった男性がいました。彼は怒りの感情をまるで感じません。怒りを感じないので、当然怒ることもありません。つまり、多くの人が憧れている〝怒らない人〟になれたのです。

そんな彼がどうなったと思いますか？

何をされても怒らない彼は、いろいろな人から騙《だま》され、金品を奪われ破産してしまったのです。怒らない人は、幸せになれるどころか、不幸になってしまうのです。

怒らない人は、人格者として尊敬されるどころか、騙され放題、傷つけられ放題なのです。なぜかというと、怒らない人は、自分を守ることができないからです。

それでもまだ、あなたは怒らない人になりたいですか？

「でも、**怒りによって自分を守るどころか、かえって相手に嫌われたり、仕返しされたりして、よけいにひどい目にあうことが多いんですけど……**」

そう思われる方も多いと思います。そこで私は、怒り本来の役割である〝自分を守る〟ということを、あなたに取り戻していただきたいと願って本書を書きました。

一言で言うと、本書でお伝えしているのは、

人を《傷つけない》怒り方

人に《嫌われない》怒り方

です。

だって、あなたが怒りを我慢してしまうのは、《嫌われたくない》から、《仕返しが怖い》から、《相手を傷つけたくない》から、ですもんね。

だから、それらをクリアした怒り方ができれば、いいと思いませんか？

これまで怒りに関する本は〝怒らない〟ことに焦点を絞って書かれたものがほとんどです。そして、その内容も「考え方を変えよう」というものか、「気分転換」の方法ばかりでした。

確かに無闇に怒ってしまうことで、人間関係を壊してしまうことは多いです。です

が、《怒りを抑えてしまっている》ことで、苦しむことのほうがはるかに多いのです。

本書は、あなたの人間関係を豊かにするための表現方法として、あなたが怒りの感情と仲良く付き合えるようになることを目的としています。ですから、怒りを〝抑える〟方法ではなく、人間関係を良好にするための怒りの感情への〝対処法〟と怒りの〝表現方法〟についてお伝えしていきます。

まず第1章では「怒らないことのデメリット」を説明します。あなたに、まずは怒ることの必要性に納得していただきたいのです。

第2章では、「怒りの目的と役割」をお伝えします。目的と役割が分かれば、目的を果たすための手段として怒りを活用することができるようになります。

第3章では「〝怒れない人〟のための怒りの表現方法」を、第4章では「〝怒りっぽい人〟のための怒りの表現方法」をお伝えします。あなたがどちらのタイプかによって、人間関係をよくするための怒りの表現方法が、まったく異なります。

第5章では、怒りへの対処法に関して矢野オリジナルの方法をご紹介しています。怒りを表現するまでに私たちは5つのステップを経ています。その5つのステップごとに、怒りへの対処法を示していきます。

最終章では「相手の反応次第で付き合い方を変えよう」というご提案をします。いくらあなたが上手に怒りを表現しても、あなたの気持ちがうまく伝わらない人がいます。そういう人と、どのように付き合っていったらいいのかヒントをお伝えします。

このように本書では、日常生活の中で簡単にできる人間関係をよくする怒りへの対処法と表現方法について、いくつもの方法をお伝えしていきます。

すべての方法がすべての人に効果があるわけではありません。人はみんな違っています。だから、すべての人に効果のある唯一絶対な方法などないのです。

ひとつの方法にこだわらず、「うまくいかなかったら次！」と、いろいろと試してみてください。きっとあなたの人間関係をよくする、本来の怒りの役割を実感できる方法に出会うことができます。


もう怒りを無理して抑える必要はありません。

怒りがあなたを守り、人間関係をよくしてくれるのです。

本書を読み終わったとき、あなたは、怒りを感じる自分のことをもう責めたりしなくなることでしょう。

あなたが、怒りを上手に表現することで、自分に嘘をつかず、価値観を捻《ね》じ曲げず、世間に対して仮面をかぶることなく、あなたらしく生きることができるようになることを願っています。


なお、本書に記載されている事例は、プライバシー保護のため仮名にし、状況設定も変えてあります。実際に矢野がおこなったカウンセリングの事例ではなく、説明を分かりやすくするためのたとえ話として作話したものも含まれています。

矢野惣一

目次

怒っていい!?

第1章 怒れない人は、他人から粗末に扱われるって知っていましたか!?

(o・ε・o)ムー

(￣・・￣)=3 プンプーー!!

第2章

怒りの役割を知れば、怒るのも、怒られるのも、怖くなくなる

第3章

怒れない人のための怒りの表現方法

(｀□´)コラッ!

＼(*`∧´)／ムッキー!

第4章

怒りっぽい人のための怒りの表現方法

第5章

怒りを表現するまでの5つのステップと対処法

第6章

相手の反応次第で付き合い方を変える／こういう人とは仲直りしてはいけない

装丁　坂川事務所
本文イラスト　浅田恵理子
校正　麦秋アートセンター

第1章

怒れない人は、他人から粗末に扱われるって知っていましたか!?

(o・ε・o)ムー

怒れない人は、こんなひどい目にあう

怒りは、あなた自身とあなたにとって大切な人や物を守るためのエネルギーを瞬時に引き出すための感情です。ですから、怒りを抑えつけていると、あなた自身とあなたにとって大切な人や物を守ることができません。

したがって、怒れない人は、次のようなひどい目にあうことになります。

❶ 怒れない人は、他人から粗末に扱われる
❷ 抑え続けられた怒りは恨みになる
❸ 怒れない男は魅力に欠ける

何をされても怒らない人が、真っ先にリストラされる

真っ先にリストラされる人は、無能な人ではありません。何をされても怒らない人が、真っ先にリストラされるのです。

なぜかというと、怒れない人は、理不尽な解雇にも波風立てずに応じてくれるからです。

私も長年、怒りの感情を抑圧して生きてきました。私は幼少期、既製服が着られないほどの肥満で体が大きかったにもかかわらず、いじめられっ子でした。自分よりはるかに大きな体をした子が、何をしても怒らないのですから、子どもたちにとってイジメがいがあったわけです。

このように、怒れない人は、他人から粗末に扱われてしまうのです。

抑え続けられた怒りは恨みになる

怒れない人は、無意識のうちに怒りを抑え込んでいるので、意識的には怒りを感じていないことが多いです。

ですが、**怒りは確実に蓄積されていきます**。**蓄積された怒りは、いつしか恨みとなります**。

カウンセリングを受けにいらっしゃる方の中には、親に対して恨みを抱いている人が少なからずいらっしゃいます。その方たちに共通しているのが、怒りの感情を表現していないことです。表面上、怒っているのではなく、拗《す》ねているように見えます。拗ねてふてくされるのではなく、きちんと怒りとして感情のエネルギーを放出しなければ、それは蓄積して恨みになってしまうのです。

怒れない男は魅力に欠ける

怒りは自分にとって大切な人を守るための感情でもあります。ということは、女性から見て怒れない男性は、「この人では、私を守れそうもない」と判断されてしまうのです。

女性にとって魅力的な男性は、優男《やさおとこ》ではありません。エネルギッシュな男性を女性は本能的に選択します。なぜなら、エネルギッシュな男性のほうが生殖能力も高く、妻である自分とその子どもたちを、外敵から守ってくれる力が備わっているからです。

怒れない男性はエネルギーを感じられず、女性から魅力がないと思われてしまうのです。

人間関係がうまくいかないのは、うまく怒れないから

発達心理学者のエリク・H・エリクソンは「親密な関係が築けないのは、論争や有益な争いに関与する能力がないのが原因だ」と言っています。つまり、人間関係がうまくいかないのは、うまく怒れないからなのです。

怒りに限らず、感情を上手に表現することは、コミュニケーションにとって重要です。

あなたが笑ったりして喜びを表現すれば、人はそれを繰り返しあなたにしてくれようとします。

同様に、あなたが怒ったり泣いたりすれば、人はあなたを傷つけないようにそれを二度としないように気をつけます。

怒りを上手に表現できるようになることは、上手にコミュニケーションすることであり、人間関係をうまくいかせるために不可欠なことと言えます。

なぜ、私たちは怒りの感情を嫌うのか？

なぜ、私たちは、怒りの感情を嫌い恐れるのでしょう？

それは、怒りが強力なエネルギーだからです。

怒りは、あらゆる感情の中で、最もパワフルです。

強力であるがゆえに、過剰な怒りは、相手や自分自身を傷つけます。

私たちは、このパワフルなエネルギーを制御する術《すべ》を知りません。ですから、私たちは怒りを怖がり嫌ってしまっていたのです。


では、もしもこの強力なエネルギーを制御し、活用することができたら……。

私は物心ついてから40歳になるまで、怒りの感情を抑圧してきました。最後に怒ったのが、いつだか分からないくらいです。

怒らない温厚な人は、さぞかし良好な人間関係が築けるだろうと思われるかもしれません。

けれど、「怒りを制御できている」のと、「怒りを感じられなくて表現できない」のとでは、まったく集まってくる人間が違ってきます。

怒りを制御できている人の近くには、心穏やかな人たちが集まってきます。現在、私の友人たちは、このような人たちです。

しかし、怒りを抑圧していた以前の私の周りには、何をやっても怒らない私を、自分の好きなように利用しようと考える輩《やから》が集まってきました。

何をしても、どんな扱いをしても怒らないのですから、心無い人間は、まるで物を扱うようにどんなことでもしてきます。

また、怒りを抑圧している人間は、覇気がありません。

「エネルギーの源である怒り」を封じ込めてしまっているのですから、覇気が生まれないのも当然です。

そういう人間は、魅力に欠けます。私が40歳になるまで結婚もできず、親友もいなかったのも無理はありません。

心理療法を受け、勉強していくうちに、私は怒りの感情を取り戻すことができました。

怒りを感じることができたとき、私は感激しました。

「これが、怒りか！　なんてパワフルなんだ。このエネルギーがあれば、なんでもできるぞ！」

怒りやすい人のことを瞬間湯沸かし器と言いますが、まさに怒りは大きなエネルギーを瞬時に呼び出せるすばらしい感情だと思いました。

怒りを恐れることなく、怒りのエネルギーを利用し、生き生きと人生を過ごしませんか？

そのための怒りの表現の仕方を本書ではお伝えしていきます。

怒れない人がうつ病になりやすいわけ／心のエネルギーの激減

怒りは強烈なエネルギーなので、人はそれを恐れて抑え込もうとします。

人が本来持っている心のエネルギーの総量を100だとしましょう。そのうち怒りのエネルギーが20だとします。その人は怒りを恐れるあまり、そのエネルギーを感じないように切り離してしまいました。するとエネルギーの総量は100－20＝80になります。

さらに怒りの感情を切り捨てただけでは止まらず、再び怒りの感情が出てくるのを

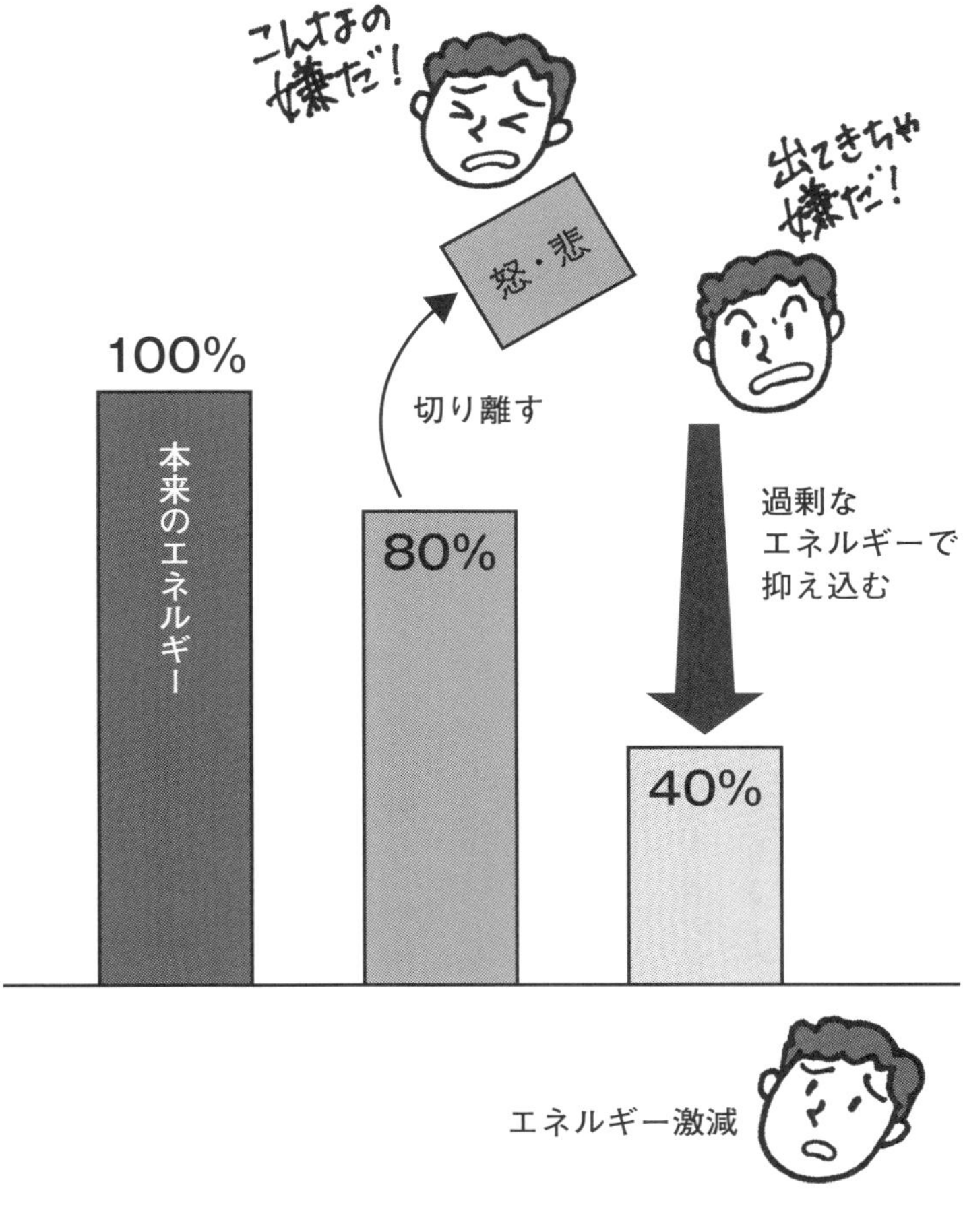
こんなの
嫌だ！
怒・悲
出てきちゃ
嫌だ！
100%
本来のエネルギー
切り離す
80%
過剰な
エネルギーで
抑え込む
40%
エネルギー激減

恐れて、それを抑え込もうとします。20のエネルギーを抑え込むには20あればいいのですが、どうしても出てきてほしくないので、過剰なエネルギーで抑え込もうとして、2倍の40のエネルギーを使ったとします。

そうなると心のエネルギーの総量は80－40＝40まで減ってしまいます。

わずかな怒りを抑えようとするだけで、このようにエネルギーの総量が激減してしまうのです。うつ病になっている人は、怒りを抑え込み続けたために心のエネルギーの総量が0以下になってしまったのです。

ですから、うつ病から回復するためにも、自分も他人も傷つけない怒り方で、怒りの感情を表現することが必要になってきます。

怒ることは悪くない。悪いのは人を傷つけること

私たちは、怒ることが悪いことであると思っています。

子どものころから、怒りの感情を表現すると、嫌われたり、「いつまでも怒ってるんじゃない」とたたかれたり、「あんたのせいで傷ついた」と罪悪感をきせられたりしてきたので、怒ること自体が悪いことだと思ってしまうのは無理もないことです。

しかし本当に、怒ることは悪いことなのでしょうか？

怒りは、あなた自身とあなたにとって大切なものを守るためにある感情です。

怒りを表現しないと、あなたは、あなた自身とあなたの大切なものや人を守ることができないのです。

それでも、怒ることは避けたいですか？

そんなあなたに、矢野家のエピソードが参考になるかもしれません。

我が家の次男は、喜怒哀楽の感情表現が豊かで、よく怒ります。怒ると、お兄ちゃんに八つ当たりしたり、物を壊そうとしたりすることがあります。

そんなとき、私は子どもに言います。

「怒ってもいい。だけど、人を傷つけたり、物を壊したりしたらダメ」

残念ながら、何度言おうが、お兄ちゃんや物に八つ当たりすることを止めません。それでも、彼が中学生になるころには、分かってくれるだろうと思い、辛抱強く言い続けています。

子どもに怒りの感情自体を表現することを禁止してはいけません。そのようなことをしたら、その子は自分と自分にとって大切なものを守る手段を失ってしまいます。

いけないのは、怒ることでなく、怒りによって人や物を傷つけること。それさえ分かってくれれば、成長していくなかで、誰も傷つけずに怒りを表現する方法を自分で見つけてくれると思っています。

怒ることは悪くない。悪いのは人や物を傷つけること。

これは子どもだけでなく、私たち大人にも当てはまることです。

怒りを抑えない、爆発させないことが大切です

怒りが、あなたとあなたの大切な人やものを守るという本来の役割を果たせず、あなたや相手を傷つけてしまうことになるのは、怒りを抑え続けて、抑えきれなくなって爆発させてしまうからです。

つまり、怒りは抑えない、爆発させないことが大切です。

嫌われたくない、しっぺ返しが怖い、相手を傷つけたくない。そんな理由で、私たちは怒りの感情を抑えてしまいます。

ですが、抑えたところで怒りが消えるわけではありません。**抑えられた怒りのエネルギーは、そのまま溜まっていきます。**

そして、本来外に向けて表出されるべき怒りの矛先が自分自身に向かい、自分自身

を傷つけてしまいます。それが、うつ病などとして現れます。

怒りを抑えるにも限界があります。限界を超えて溜まった怒りのエネルギーは、一気に爆発します。その結果、相手に手痛い傷を負わせてしまうことになります。

相手に怒りを爆発してぶつけてしまったことで、相手に嫌われたり、報復を受けたり、罪悪感をきせられてしまうのです。

せっかく、嫌われたくない、しっぺ返しをくらいたくない、傷つけたくない、と懸命に我慢してきたのに、すべてが水の泡です。

「こんなことになるんだったら、我慢なんかするんじゃなかった」

そう思うのですが、また同じことを繰り返してしまうのです。

怒りを抑えないでください。抑えて爆発させてしまうと、取り返しのつかない結果になりかねません。

あなたを守ってくれるはずの怒りが、あなたを深く傷つけてしまうことになってしまうのです。

怒りを抑えてしまう3つの理由

私たちはなぜ、怒りを抑えてしまうのでしょう?
あなたは、どのようなときに怒るのを我慢してしまいましたか?
人が怒りを抑えてしまう理由は3つあります。

❶ **嫌われるのが怖いから**
❷ **仕返しが怖いから**
❸ **相手を傷つけてしまうのが怖いから**

ママ友から嫌われるのが怖い裕美子さん

裕美子さんは、幼稚園に通う悠斗くんのお母さん。ご主人の転勤で、今の町に引っ越してきたばかりです。裕美子さんは、早く新しい暮らしに慣れようと、幼稚園の送り迎えでママ友たちと積極的に交友関係を持つことにしました。

ある日、悠斗くんの友だちの日花里ちゃんの誕生日会をやることになりました。洋裁の得意な裕美子さんは、日花里ちゃんにスカートを縫ってプレゼントすることにしました。男の子しかいない裕美子さんは、女の子の可愛い服をつくってみたかったこともあって、張り切って可愛いスカートをつくりました。また、それをきっかけに裁縫好きの友だちができたらいいなとも考えていました。

日花里ちゃんの誕生会の当日、裕美子さんのプレゼントは浮いてしまいました。ママ友たちの間では、プレゼントは千円程度のもの、と取り決めがあったのです。引っ越してきたばかりの裕美子さんは、それを知りませんでした。

そしてあろうことか、日花里ちゃんの家は、代々病院を経営している町の名士だったのです。ママ友たちの間では、新参者が名士に気に入られようとしていると悪い噂《うわさ》が立つようになってしまいました。

しかも、日花里ちゃんのママも、裕美子さんのスカートを口先だけでお礼を言って、ソファの上に無造作に放り投げたのです。日花里ちゃんが裕美子さんのスカートを着ることは、一度もありませんでした。

裕美子さんは、ママ友たちの仕打ちに怒りを感じたものの、嫌われるのが怖くて黙っているしかありませんでした。

上司のパワハラに黙って我慢している伊藤さん

「伊藤、ちょっと来い！」

また、長谷川部長の伊藤さんいびりが始まりました。長谷川部長は、何か気に食わないことがあると、そのストレスを部下の伊藤さんにぶつけるのが常でした。

伊藤さんは、営業成績も並み以上、むしろ上位と言えます。顧客からの信頼も得ていて、部の同僚たちとも和を乱さずうまくやっています。伊藤さんには自分だけが、こんなふうに怒鳴られる理由が見当たりませんでした。

とはいえ反発したくとも、自分の評価は長谷川部長が握っています。気性の激しい長谷川部長のことです、どのような報復を受けるか分かったものではありません。

「部長が俺に厳しく当たるのは、俺に落ち度があるからだ」と自分を責めてみたり、

「部長が俺に厳しくするのは、俺に期待してくれているからだ。その証拠に、まったくダメなBは、相手にもされていないじゃないか」と、自分を奮い立たせてみたりして、伊藤さんは長谷川部長のパワハラに耐えていました。

リストラされた巨漢のいじめられっ子、雄介さん

雄介くんは小学2年生。体重50キロの巨漢。体重はクラスメイトたちの倍以上あり、身長も頭ひとつ分は大きいです。

雄介くんには、2歳下の弟、健介くんがいます。健介くんは雄介くんとは正反対に体が細くて小さい子です。男兄弟ですからケンカをします。ケンカをするたびにお母さんが雄介くんに言っていました。

「あんたみたいな大きな子が、小さな健介をたたいたら、死んじゃうでしょ！」

雄介くんは、お母さんのその言葉を信じて、次のような決断をしてしまったのです。

「ぼくが、健介をたたいたりしたら、健介は死んじゃうかもしれない。だから、どんなことをされても、絶対にたたいちゃダメだ。どんなことをされても、絶対に怒っちゃいけない」

雄介くんにとって、クラスメイトも弟と同じで、自分よりはるかに小さな体をしたひ弱な存在です。だから、クラスメイトに対しても弟に対するのと同じように接することになってしまいました。

「ぼくが、Aくんをたたいたら、Aくん死んじゃう。死なないまでも、大怪我させてしまう」

だから、雄介くんは、クラスメイトたちに何をされても無抵抗でした。子どもは残酷な面を持っています。自分の倍もある大きな子が、何をしても怒らないのですから、面白くてしかたありません。雄介くんはいじめの格好のターゲットにされてしまったのです。

こうして雄介さんは、大人になってからも怒りを表現することができずに苦しみます。

何をされても怒らない雄介さんは、面倒な割に評価されない仕事ばかりを押し付けられるようになりました。そして、真面目に働き、人並み以上の成果も出していたにもかかわらず、リストラされることになってしまったのです。

文句を言わない雄介さんは、もめ事を起こさずに辞めてもらえるとリストラのターゲットになったのです。

さあ、この3人が、どのようにして怒りの感情を正直に表現できるようになっていくのか、彼らの行く末をご一緒に見守っていきましょう。

第2章

怒りの役割を知れば、怒るのも、怒られるのも、怖くなくなる

(-・-)=3 フン

その人のことを知りたければ……

人のことを知りたければ、その人が何に怒っているのかを調べてみれば分かります。
その人が怒っていることが、その人にとって大切なことだからです。

人は自分が大切にしているものや人や価値観を傷つけられた、ないがしろにされた、侮辱されたと思ったとき怒りを感じます。
だから、**その人が何に怒っているのかで、その人が何を大切にしているのかが分かるのです。**

誰かに怒りをぶつけられたら……
「この人は、何を傷つけられたと思っているのだろう？

もしかしたら、私は、この人の大切なものを傷つけてしまったのだろうか？
この人は、何を大切に感じ、何を守ろうとしているのだろう？」
と自問自答してみてください。
相手のことが、よりよく理解できるようになるでしょう。

あなたが誰かに怒りを感じたら……

「私は、この人に何を傷つけられたと感じているのだろう？
それは、私にとって本当に大切なものだろうか？
私はなぜ、それをそんなに大切に守っているのだろう？」
と自問自答してみてください。
自分自身のことが、よりよく理解できるようになるでしょう。

感情は、私たちに大切なことを伝えようとしてくれているのです。

怒りはあなたの大切なものを守ってくれている

ここでもう一度、怒りを抑えてしまう理由を見直してみましょう。

❶ 嫌われるのが怖い
❷ 仕返しが怖い
❸ 相手を傷つけてしまうのが怖い

3つに共通して出てくる言葉がありますよね。そうなのです。
怒りを抑えてしまう理由は、すべて「恐れ」です。怒りの奥には恐れがあるのです。
だから、怒りをコントロールするためには、恐れを克服する必要があります。

ここで、どのようなときに私たちが恐れを抱くか考えてみましょう。

あなたは、どのようなときに恐れを感じますか？

そうですね。何か脅威が迫っているときです。脅威が目の前に迫っているとき、逃げるか戦うかを瞬時に決断しなければなりません。

原始時代、私たちの祖先は常に脅威にさらされて生きていました。肉食獣が襲ってきたとき、逃げるか戦うか、瞬時に決断しなければ命が危なかったのです。

肉食獣が襲ってきたら普通なら逃げるでしょう。けれど、小さな子どもが一緒にいた場合、子どもを守るために戦うでしょう。

戦うためにはエネルギーが必要です。しかもそのエネルギーは瞬時に湧いてこなければなりません。もたもたしていたら先に襲われてしまいます。

だから、怒りは瞬時に湧いてくるようになっているのです。怒りは脅威から大切なものを守るためのエネルギーを瞬時に湧き上がらせてくれるためのものだからです。

つまり、**怒りはあなたとあなたの大切なものを守るためにある**のです。

これは肉食獣に襲われる脅威から身を守るためのものだけではありません。コミュニケーションでも怒りの表現は重要な役割を果たしています。

あなたが怒りを表現することで、相手はあなたを傷つけてしまったことを知り、次からはあなたを傷つけないように、言動に注意してくれるようになります。

もしあなたが怒らなかったら、相手はあなたが傷ついていることを知ることはできません。だから、**相手があなたに好意的な人であっても、再びあなたを傷つけてしまう言動を繰り返してしまうことになりかねないのです。**

怒りが守ってくれるのは、あなた自身だけではありません。あなたの大切な人やものを守るためにも怒りは必要不可欠なものなのです。

こんな場面をドラマでよく目にしませんか。自分の出世のため、相手のどんな理不尽な言動にも我慢をしてきた主人公が、親の悪口を言われて激怒します。

「俺のことはなんと言われたって構わねぇ。だけど、おふくろのことを悪くいう奴は許せねぇ」。彼にとって大切なものは母親。その大切な母親の尊厳を守るため、彼は怒ったのです。

もう怒りを恐れることはありません。

怒りはあなたを守ってくれる、あなたの味方なのですから。

怒りによって、あなたが守ろうとしているものは？

人は怒りを感じたとき「なぜ、私は怒っているんだろう？」と原因を探ってしまいがちです。

しかしながら、原因を探ると、相手を責めるか、自分を責めるかのどちらかに行きついてしまい、解決にいたることは少ないです。解決するどころか、ますます怒りの炎が大きくなってしまうことのほうが多いものです。

怒りを感じたとき、原因を探るのではなく、次のふたつの質問をご自身にしてみてください。

「私が怒りで守ろうとしている大切なものは、いったい何だろう？」

「それを守るためには、何をしたらいいだろう？」

怒りは、あなた自身とあなたにとって大切な人やものを敵から守るための感情です。ですから、怒りに振り回されないようにするには、まずは**「怒りによって、あなたが守ろうとしているもの」に気づく必要があります**。

同様に、あなたが怒りをコントロールしたいと思っていることにも目的があります。ですから、**「怒りをコントロールしてどうなりたいのか？」自分の気持ちを探ってみてください**。

和美さんは、親友だと思っているママ友の由紀子さんに、夫の浮気のことを相談しました。ある日、和美さんは、他のママ友から「お宅のご主人モテそうだものね。いい男を夫に持つと大変ね」と言われました。由紀子さんが他のママ友に話していたのです。

和美さんは、いつのまにか「なぜ、私は怒っているんだろう?」と自問していました。

すると「由紀子さん、信じていたのに！　裏切られた」。秘密を他人にばらした由紀子さんへの怒りが、ますます大きくなっていきました。

また「あんな女を親友だと思って信じた、私がバカだったのよ」と自分の愚かさに腹が立ちました。

そして、「そもそも、あの人が浮気なんかするから悪いのよ」と夫に対する憎悪の気持ちが湧いてきました。

和美さんは、すっかり自分の怒りに振り回されてしまいました。

「これではいけない」

和美さんは、私のセミナーを受講されました。

私のセミナーの中で和美さんは「私が怒りで守ろうとしている大切なものは、いったい何だろう?」と自問してみました。すると、「由紀子さんとの友情、そして夫の愛」という答えが出てきました。

次に「由紀子さんとの友情と夫の愛を守るためには、何をしたらいいだろう?」と自問してみました。そのことで、由紀子さんに自分の気持ちを打ち明けること、夫が喜ぶこと（おいしいご飯をつくる、笑顔でいる、褒める）をしてみようと決めました。

このように、怒りを感じたとき「なぜ私は怒っているのだろう?」と原因を探るのではなく、

「私が怒りで守ろうとしている大切なものは、いったい何だろう?」

「それを守るためには、何をしたらいいだろう?」

と目的を探る質問を自分自身にしてみてください。

きっと、あなたはご自身の大切なものに気づき、それを守ることができるようにな

るでしょう。

怒りの4つの役割

「怒りは自分と自分にとって大切な人やものを守るための感情」だとお話ししてきました。ここでは、怒りの役割についてさらに詳しく説明していきます。

❶ 怒りで威嚇《いかく》することで、無用な争いを避けることができる
❷ 怒りで攻撃することで、相手に再び攻撃されないようにする
❸ 怒って怖がらせることで、相手をコントロールする
❹ 怒ることで悲しみを感じないですむ

①怒りで威嚇することで、無用な争いを避けることができる

動物は主に怒りをこのために使います。雄どうしが縄張りや雌を取り合って争う場合、まずは威嚇しあってお互いの力量をはかります。多くの場合、実際に致命傷を負うまで争うことなく決着がつきます。そうやって、お互いにダメージを負う争いを避けているのです。

本来人間も同じです。自分を守るためには、まず怒る。そうすれば、無駄な争いを避けることができるのです。

②怒りで攻撃することで、相手に再び攻撃されないようにする

動物の世界でも、双方が威嚇しあったにもかかわらず争いになることがあります。その場合、撃退してこちらのほうが強いことを示せば相手は再び攻撃してこなくなります。

やられっぱなしでは、再び攻撃されて、大切なものを奪われてしまいます。ですが、人間の社会では、復讐・報復・天誅などといって、際限なく争いが続く場合もあります。動物に見習いたいものです。

とはいっても、動物の世界でも人間の世界でも、強弱・上下の順位をはっきりさせることで、無用な争いを避けることができていることには違いはありません。

③怒って怖がらせることで、相手をコントロールする

これは強者が弱者を従わせるために使う手段ですので、あまり好ましいことではないように思うかもしれません。確かにそういう一面もあります。

ですが、親が子どもを躾《しつ》けるときなどにも、これは使われています。子どもは親に怒られるのが怖いから言うことを聞く。そのことで、社会のルールを覚えていくことができているのです。

このように、上位者が正しく導けば、怒りの正しい使い方になります。

④怒ることで悲しみを感じないですむ

怒りは「エネルギーを引き出す」感情です。それに対して、悲しみは「エネルギーを奪う」感情です。

たとえば、交通事故で子どもを喪《うしな》った親は、悲しみに打ちひしがれ、生きる気力まで失ってしまいます。それを加害者の運転手に怒りを感じることで、生きるためのエネルギーを引き出しているのです。

時代劇によくある仇討《あだう》ちの物語。親の仇《かたき》を打つために屈辱に耐えて生きてきた姉弟が、仇討ちを遂げたとたん、生きる目的を失って自害してしまう。

これも、悲しみによって失ってしまったエネルギーを怒りが補ってくれていたため、怒りの対象がいなくなったとたんに、悲しみがこみ上げてきて生きるエネルギーさえ失ってしまったのです。

怒りを感じないようにしても問題は消えない

「そんなこと大したことないじゃない。そんなことで、いちいち怒っていたら大変だよ」

あなたが何かに腹を立てているとき、こんなことを言う人はいませんでしたか？

そういう人に限って、些細《ささい》なことで腹を立てていたりするものです。

そんなふうに言われると、分かってもらえない悲しさが怒りに上乗せされて、ますますつらくなってしまいます。

また、自分に対してもこんなふうに言い聞かせたことはありませんか？

「こんなこと大したことじゃない。怒ったところでしかたがない」

そんなふうに怒りを感じないようにして、怒りが治まりましたか？

治まっていませんよね。

怒りは、あなたの心の中に住む不良少年みたいなものです。無視されると、ますます暴れます。

大切なのは、怒りを感じないようにすることではありません。

怒りの目的を成就させてあげることなのです。

怒りを我慢したり感じないようにしたりしてしまうと、抑え込まれた怒りが強く反発してきます。

「私が怒りによって守ろうとしている大切なものは何だろう?」

と、自問自答することで、怒りの目的を見つけてあげてください。

怒りはエネルギーの源です

エネルギッシュな人というと、誰を思い浮かべますか？

アントニオ猪木さん、松岡修造さん、マツコ・デラックスさんあたりを思い浮かべる人が多いのではないでしょうか。

このエネルギッシュな人たちに共通しているのが、怒りの感情をストレートに表現していることです。ただ底抜けに明るいだけの人を、私たちはエネルギッシュな人とは感じません。

怒りはエネルギーの源なのです。だから、怒りをストレートに表現できている人を私たちはエネルギッシュな人と感じるわけです。

怒りは瞬間湯沸かし器のように、瞬時にエネルギーを湧き上がらせてくれます。それは、自分と自分にとって大切な人やものを敵から守るためには、敵に反撃するためのエネルギーを瞬時に引き出す必要があるからです。戦うためのエネルギーを引き出すのに時間がかかっていたら、敵にやられてしまいますから。

怒りを抑えている人はエネルギーに乏しい人に見えます。そういう人は、自分を守れないので、他者から攻撃されやすくなります。

しかも、自分だけでなく大切な人を守ることができないので、そういう男性やリーダーのもとへは人は集まってきません。彼には守ってもらえないと、人は判断するからです。

怒りはエネルギーの源です。エネルギーに満ちた人生を生きるには、怒りの感情を適切に表現していくことが大切です。

怒りの感情を否定せずに、ただその存在を認めましょう

怒りの感情を、心の中に住んでいる不良少年だと考えると分かりやすいかもしれません。

少年がグレて暴れるのは、親や周囲の大人たちに気持ちを分かってもらえないからです。抑え込もうとすればするほど、彼らはよけいに激しく暴れ出します。

では、どうすれば不良少年を落ち着かせることができるのか？

まずは、彼らの感情を否定しないことです。彼らの怒りや不満を否定せずに受け止めるのです。

このとき「お前の気持ちは分かっている」と、知ったかぶりするのは禁物です。そんなことを言ったら「お前に俺の気持ちなんか分かるもんかぁ！」と反発をくらうだけです。

ただ分かろう、理解しようとするのです。

人は相手の気持ちを１００％理解することはできません。たとえ親子であってもです。ですが、理解しようとすることはできます。

人は「この人は私のことを分かろうとしてくれている」と思える関係性の中で、癒されていきます。

これは、自分自身の感情についても同じです。**怒りの感情を否定せずに、ただその存在を認める。そして、怒りの目的を理解しようとする。**

そうすることで、あなたの中の不良少年である「怒り」は、あなたに分かってもらえたと落ち着いて暴れることがなくなります。

では、怒りの感情を否定せずに、ただその存在を認める方法をお伝えします。

あなたの怒りは体のどこにある？

感情は体の感覚として現れます。感情は言葉にできない体の感覚なのです。

怒っていることを「腹が立つ」と言いますが、これは、怒りの感情を下腹に感じることが多いからです。

ですから、怒りの存在を認めるには「私は腹が立っているんだ」と言葉で言ってもダメなのです。体の感覚と寄り添うことで、感情はあなたに分かってもらえたと思って暴れなくなります。

怒りが湧いてきたとき、

「怒りが体のどこにあるだろうか？」と体の感覚を探ってみてください。

喉、胸、みぞおち、下腹のどこかにあることが多いです。

怒りの感情が、体のどこにあるか分かったら、そこに手を当てます。

そして、怒りがある体の部位に向かって話しかけます。

「怒りくん、きみがそこにいることに気がついたよ」

そうやって、しばらく怒りの感情と一緒にいてあげてください。それだけで、怒りはかなり治まります。

イメージを使って怒りは解消できます

怒りのエネルギーは、外に向かって発散しない限り消えることはありません。ですが、誰かを責めなければ、発散されないということではありません。誰も責めなくとも怒りは発散できるのです。

怒りは、本当にその気持ちを伝えたい相手に対して伝えない限り解消されません。たとえば、妻としょっちゅう喧嘩する夫が、本当に怒りを伝えたいのは、妻ではなく母親であることが多いのです。そういう場合、いくら妻に怒っても気持ちが治まることはありません。

男性の上司としょっちゅう衝突する人は、父親に対して未解決な感情を抱いていることがほとんどです。「採用試験で父親との関係を聞け」と言われるのは、そのためです。いくら上司が良い指導をしても、この部下が男性上司の下で能力を発揮するのは難しいでしょう。

直接、母親や父親に対してきちんと怒りを表現すればいいのですが、それができなかったからこそ、いまだに問題を引きずっているのです。ですから、直接対決は容易ではありません。

では、どうすればいいのか？

イメージを使うのです。目の前に父親、母親がいると思って、怒りを表現してみるのです。頭の中で想像するだけでなく、実際に口に出して、怒った顔をして、手足を動かして、体全体で怒りを表現します。

潜在意識は現実とイメージの区別がつけられないと言われています。ですので、イメージの親に怒りを表現したことで、潜在意識は実際に親に怒りを表現することができたと勘違いしてくれます。

心理療法では、この潜在意識の性質を利用してイメージを使って親に怒りを表現するということが、しばしばおこなわれます。

イメージを使ったやり方なら、実際に相手を責めなくとも怒りは解消できます。

相手からひどいしっぺ返しをくらったらどうしよう……。

嫌われてしまったらどうしよう……。

相手を傷つけてしまったらどうしよう……。

そんな心配もしないですみます。

仏の顔も三度まで／小さな不満の積み重ねが恐しい

怒りを抑えないために覚えておいてほしいことは「仏の顔も三度まで」という諺《ことわざ》です。仏様のような温厚な人であっても、顔を逆なでするような無法なことを三度もされると、ついには腹を立てるという意味です。

あなたがどんなに我慢強くても、一度や二度は我慢できても、三度目には爆発してしまうのです。だから怒った自分を責めないでください。

ここで気をつけなければならないのは、一度目のときは、無理して怒りを抑えているわけではないということです。

「なんかこの人のやっていること違うかも……。まあ、私の思い違いかもしれないし、偶然かもしれないしね」

くらいの軽い感じです。この時点で怒りはありません。

それが二度目になると、こんなふう変わってきます。

「あれ、もしかしてわざと？」

怒りが頭をもたげてきます。こうなると粗探しが始まります。相手が自分のことを粗末に扱っているという証拠を探し出そうとし始めます。

無理にでも探し出そうとしているのですから、当然探し物は見つかります。

「ああ、やっぱり。こいつは私のことをバカにしている！」

ホテルマンをしている友人は言います。

「たいていのお客さんは、シャワーからお湯が出なかったり、浴槽に髪の毛が残っていたりと、こちらがけっこう大きなミスを犯しても、一度目は大目に見てくれます。なのに、なんてことはない小さなミスでもふたつ続くと、三度目にはクレームになってしまいます」

私たちは、何か大きな出来事が原因で怒りを感じると思っていますが、実はそうではありません。

一度目は大目に見ることができます。それが、二度重なると疑心暗鬼になり、三度目に怒りが爆発するのです。

突然、怒りをぶつけられた人は、「不満があるなら、溜め込まずに言ってくれればよかったじゃないか」と弁解するのですが、それは無理な話なのです。決して我慢していたわけではなく、些細なことの積み重ねで怒りが生じるからです。

また「そんな小さなことで怒ることないじゃない」と、怒っている人が悪者扱いされることも多いものです。たった一度の小さなことで怒ったわけではないのです。その前に少なくとも二度は怒りの原因となる小さな出来事が起きていたのです

怒りは小さな不満の積み重なりによって爆発するのです。

あなたに怒りをぶつけてきた人の、あなたに対する愛や信頼の度合いが高ければ高いほど、意識的な怒りを感じるまで時間がかかります。同じように、あなたの相手に対する愛や信頼が大きければ、怒りを感じるのに時間がかかります。

その分、それを超えてしまったときの怒りや失望感は大きくなります。多くの場合、離婚はこうして起こります。

相手が取るに足らない小さなことの積み重ねで怒っている場合、そこには、あなたに対する愛や信頼があることを忘れないでください。

同様に、あなたが「そんな小さなことで怒るなんてどうかしている」と責められた場合、怒りが爆発するまでに小さな不満の積み重ねがあったことを思い出してください。

この怒り方で自分の望む結果が得られているのだろうか？

人が怒りの感情を抑圧したり、逆に過度に表現したりするようになったのは、幼少期にそうすることで、危機をうまく乗り切ることができたからです。

つまり、現在のその人の怒りの表現方法は、幼少期の学習によって身についたものなのです。

しかしながら、大人になると幼少期と同じ怒りの表現方法では、人間関係がうまくいかなくなることが多いのです。

たとえば、幼少期は自分が気に入らないことがあったとき、怒ることで親が望みをかなえてくれたかもしれません。ですが大人になってから同じことをしたら、多くの人から面倒くさい奴だと嫌われて相手にされなくなってしまいます。

そんな場合でもご安心を。怒りの表現方法は、大人になってからも学習によって変えていくことが可能です。

学習するためには、**「この怒り方で自分の望む結果が得られているだろうか？」**と自問自答し続ける必要があります。そして、うまくいっていないのなら違うやり方を試せばいいのです。

では、違うやり方とは、どういうやり方なのでしょうか？

脅威に対する対処法／逃げる、戦う、耐える

人間も含めて動物は脅威に遭遇した際、無意識のうちに3つの戦略の中から選びます。それは、**「逃げる」**、**「戦う」**、**「耐える」**です。怒るというのは、戦うという戦略です。

そして、どの戦略を選ぶかは、種によってだいたい決まっています。シマウマはライオンに狙われたら逃げます。亀は外敵に襲われたら甲羅の中に入って耐えます。ですが、いつもの戦略でうまくいかないときは、違う戦略をとることで脅威に対処します。たとえば、シマウマがライオンに襲われたら普段なら逃げますが、子どもが一緒のときはライオンに戦いを挑むこともあります。

私たち人間は人によって、3つの戦略のどれをとるかが偏っています。「いつも怒

ってばかりの人」、「逃げてばかりの人」、「我慢してばかりの人」。
見事なほどに、脅威に遭遇したときの戦略は、人によって偏りがあります。

主にどの戦略をとるかは、幼少期に親に対して、どの戦略が有効だったかによって決まります。

自分が怒ることで親が言うことを聞いてくれた、という経験を子ども時代に多くしている人は、親以外の人に対しても、「怒る」ことで相手を自分に従わせようとします。

親にしかられたとき逃げることでそれ以上しかられなかった、という経験を多くしている人は、他人に対しても、何か都合が悪くなると「逃げる」という戦略を無意識のうちにとります。

黙って「耐えている」うちに親の怒りが鎮まった、という経験を多くしている人は、他の人に対しても、何を言われてもされても我慢します。

あなたは、どの戦略に偏っているでしょうか？

親との関係性でうまくいった戦略が、必ずしも他人に対しても有効とは限りません。むしろ、誰に対しても同じ戦略しかとらないことが、問題を引き起こしているのです。

ですから、子連れのシマウマがライオンに戦いを挑むように、相手や状況に合わせて、「逃げる」、「戦う」、「耐える」の戦略を使い分ける必要があるのです。

戦う（怒る）に偏っている人へ

あなたの戦略が「戦う」に偏っていてうまくいっていないのなら、上司など戦いを挑むと手痛いしっぺ返しをくらいかねない相手に対しては、「逃げる」もしくは「我慢する」という戦略をとったほうが得策かもしれません。

相手が子どもや女性など体力的にあなたよりはるかに弱者である場合、逃げて相手にしない、心を大きく持って我慢して話を聞くことであなたの株が上がるかもしれません。

逃げるに偏っている人へ

あなたの戦略が「逃げる」に偏っていてうまくいっていないのなら、あなたのことを親身に考えてくれている人に対しては、向き合って討論（「戦う」）してみてください。そのことで相手との絆をさらに深めることができるでしょう。

相手の言い分をじっと耐えて聞いてみるのもいいでしょう。相手の本当の気持ちが分かるかもしれません。相手もあなたが自分の話を聞いてくれたことで、信頼してくれるようになるでしょう。

耐えるに偏っている人へ

あなたの戦略が「耐える」に偏っていてうまくいっていないのなら、あなたのことを粗末に扱う人に対しては縁を切るくらいのつもりで怒りをぶつけてみてください

（「戦う」）。それ以上、相手があなたのことを攻撃してくることはなくなるでしょう。文句を言う相手の目の前にずっといるのではなく、相手が文句を言いだしたら、その場から去ってください（「逃げる」）。相手が追いかけてくることはめったにありません。

このように、脅威に対する自分の対処の仕方の偏りを知り、そのやり方でうまくいっていない相手やケースでは、違う戦略をとってみてください。

成功の秘訣は、「うまくいかないのなら違うことをする」なのです。

第3章

怒れない人のための怒りの表現方法

ヽ(`ε´)ノ ブーブー!!

怒らないことで、あなたの望む結果が得られていますか？

怒りは、あなた自身とあなたにとって大切な人やものを守るための感情です。ですから、多くの場合、怒らないと、それらを守ることができません。

それにもかかわらず、怒らない人は、怒らないことで相手に何かをしてほしいと期待しているのです。次の質問でそのことに気づくことができるでしょう。

「怒らないことで、私は**相手に何をしてほしいと望んでいるのだろう？**」

「怒らないことで、私が**守ろうとしているものは何だろう？**」

第1章で登場した怒りを抑えている3名と一緒に考えてみましょう。

ママ友から嫌われるのが怖い裕美子さんが、怒らないことでママ友たちに望んでいることは、「嫌わないでほしい」ということです。ですが現実は、ママ友たちから、悪い噂を立てられ、手づくりのプレゼントも放り投げられてしまっています。「嫌われないようにする」という裕美子さんの目的は、怒らないことでは達成できていないのです。

上司のパワハラに我慢している伊藤さんが、怒らないことで上司に望んでいることは、「自分の仕事を正当に評価してほしい」ということです。ですが現実は、逆に不当な評価に甘んじてしまっています。

正当に評価してもらいたい、という伊藤さんの目的は、怒らないことでは達成できていないのです。

巨漢のいじめられっ子だった雄介さんが、怒らないことで得たい結果は、「相手を傷つけない」ということです。その目的は、怒らないことで達成はされています。ですが、不当なリストラにあってしまっています。

そこで雄介さんは、もう一度自問自答してみました。

「怒らないことで、ぼくが本当に守ろうとしているものは何だろう?」

その答えは、「罪悪感を持たず自分を責めないですむこと」、「心の平和」でした。

雄介さんは、それを守れていないことに気づきました。


彼らのように、多くの場合、怒らないことでは、望む結果も得られず、本当に大切なものを守ることもできません。

ですから、あなた自身とあなたにとって大切な人やものを守るために、そして、望む結果を得るために、自分も相手も傷つけない怒りの表現方法を身につけましょう。

怒りと被害者意識/怒りや悲しみを表現しただけで責められるのはおかしい

怒っている人に「被害者意識に陥っていては、何も解決しませんよ」とアドバイスする人がいます。そのことで「怒ることはいけないことなんだ」と、ただでさえ怒りを我慢しすぎてしまう人が、ますます怒りを抑えるようになってしまっているのではないでしょうか。

私は、怒っている人が被害者意識に陥っていることは、むしろ少ないと思います。

人は、どんなときに、被害者意識に陥るのでしょうか？

それは、自分の責任を放棄したときです。

責任を英語ではresponsibilityと書きます。response（反応）＋ability（能力）。つまり、責任とは、反応する能力なのです。

人は、自分にはその問題に反応する能力がないと思ったとき、自分の責任を放棄し、「被害者として振る舞う」ことで、自分の代わりに他者に問題に対処させようとすることがあります。

多くの人は、強者になることで相手を支配しようとします。けれど、それがかなわないとなると、今度は弱者になって「援助を強要する」ことで相手を支配しようとします。

こういう人は、相手の罪悪感と義務感を巧みに引き出して、相手を縛ろうとします。被害者、つまり弱者として振る舞うことで、他人から援助を強要することを正当化しているのです。これが、被害者意識の正体です。

怒りや悲しみを表現している人が、被害者意識に陥っているわけでは決してないのです。

怒りや悲しみを表現することは自然なことです。怒りや悲しみを表現すること自体は悪いことではありません。

怒りも悲しみも感情は、一人一人に固有のものです。ですから、自分が感じていることを、表現しただけで責められるのはおかしいのです。

本来なら自分でどうにかできることについて責任を放棄して、代わりに相手にそれをすることを強要するために、怒りや悲しみの感情を使ったとき、その人は被害者意識に陥って、相手を支配しようとしていると言えます。

怒りや悲しみを表現している人に「被害者面《づら》するんじゃないよ」と言っている人は、自分が加害者であることを認めて、それに対処したくないのです。つまり、自分には責任はないと、その問題に対処することを放棄しているのです。

ですから、この場合は怒りを表現している人でなく、怒りを表現しているだけの人に対して「それはあんたの勝手な思い込みだ」と文句を言っている人のほうが被害者意識に陥っているのです。

たとえば、「自分が不幸なのは、親のせいだ！」と言って、自分で自分の人生をよくすることを放棄している人。ドラッグやセックスやギャンブルに依存したりしていて、何もしなかったり、何かトラブルを起こすことで、他人を翻弄している人。こういう人は、被害者意識に陥っています。

けれど、今まで幸せになれるように懸命に行動を起こしてきた人が、親に対して思い切って怒りや悲しみを表現したとしましょう。

「私は、あなたが、私が幼いときにした、こういうことでつらい思いをしました。そのことを、一言謝ってもらいたいです」

このケースでは、この人は被害者意識に陥ってなどいません。自分の自然な感情と欲求を表現しているだけです。

そして、このとき、親が次のように反応したとしましょう。

「兄弟の中で、変なのはあんただけよ。私の育て方が悪かったのなら、兄弟みんながおかしくなっているはずでしょ。勝手にお母さんのせいにしないでよ！」

この場合、被害者意識に陥っているのは、親のほうになります。

まとめましょう。

怒りや悲しみを表現しているからといって、その人が被害者意識に陥っているわけではない。

誰かを悪者にして、自分の力では、どうにもならないと、自分で自分の人生をよくすることを放棄して、自分の代わりに相手に、自分を満足させようとし向けたとき、その人は被害者意識に陥っていると言える。

怒りと拗《す》ねの違い／拗ねは相手に自分を守ってもらおうとする感情。拗ねても誰も助けてくれない

怒りの感情を抑えている人たちが、いざ怒りを表現しようとしたとき、怒っているのではなく、拗《す》ねているように見えることが多いです。

怒りと拗ねは違います。

怒りは、自分と自分にとって大切な人やものを守るための感情です。

それに対して、**拗ねは、相手に自分を守ってもらおうとする感情です。**

怒りは自分で自分を守ります。

拗ねは、他人に守ってもらおうとしているのです。

怒りは主体的。拗ねは受け身です。

つまり、**拗ねでは自分で自分のことを守ることができないのです。**


小さな子どもが拗ねるのは、子どもにはまだ自分で自分を守る強さがないので、拗ねて親に守ってもらおうと働きかけているわけです。

残念ながら、大人は拗ねてみたところで、誰も助けてはくれません。みっともないと思われるのが落ちです。

拗ねてふてくされて誰かが助けてくれるのを待つのではなく、きちんと怒って自分で自分の身を守りましょう。

怒りをきちんと出し切ると、感謝の気持ちが湧いてくる

相手が自分の期待に応えてくれなかったとき、私たちは怒りを感じます。
怒りが生まれるまでには、次のような順序を経ます。

相手が自分の思うとおりにしてくれなかった
↓
あの人は、私のことなんて、どうでもいいと思ってるんだわ。
↓
悲しい
↓
許せない！
↓
怒り

私のこと
なんて
どうでも
いいんだわ……
悲しい…
許せない!
きちんと怒って
自分で自分の身を
守りましょう!

つまり、怒りの前には「悲しみ」があるのです。

ですから、怒りを抑圧して苦しんでいる人に、怒りを表出してもらうように促すと、いつのまにか涙を流し始めることが多くあります。怒るはずが、悲しみがこみ上げてくるのです。

明日香さんもそんなお一人でした。明日香さんは、ご主人との仲をよくしたいとカウンセリングを受けにいらっしゃいました。カウンセリングを進めていくうちに、夫への怒りは、実は「亡くなった父親に対する怒り」であることに気づきました。

目の前に椅子にお父さんが座っていると思って、怒りをぶつけてもらいました。すると、いつのまにか明日香さんは泣き出してしまいました。

怒りは二次的な感情と言われています。**怒りの感情は、もともと相手が自分の期待どおりにしてくれなかったということから始まります**。これは、幼少期に親が、自分の思うような愛を与えてくれなかったという悲しみに端を発しています。

ですから、「相手に怒りをぶつけてください」とカウンセリングで促すと、親に自分が思うような愛を与えてもらえなかったという悲しみが出てきてしまうのです。

これを、怒りの原因が分かったとして、カウンセリング成功と捉えることもできますが、私はそうは思いません。感情には目的があります。原因が分かっても目的が達せられなければ感情は治まってはくれないのです。

私は明日香さんに言いました。

「泣きたくなったら、隣の椅子に移って、すきなだけ悲しんでください。そして、泣き終わったら、こちらの椅子に戻って、また怒ってください」

このようにして、怒りと悲しみの感情を分離してもらったのです。

「悲しみ」は、大切なものを失ってしまったときに感じる感情です。

「怒り」は、自分にとって大切なものを守るための感情です。

ふたつの感情は、それぞれ違った目的を持っています。

ですから、それを一緒に表現してはいけないのです。

「あなたは、まだ大切なものを失ってはいません。あなたの大切なものを守るためにお父さんに怒ってください」

私は、明日香さんに続けて言いました。

「あなたが、このとき本当に守りたかったものは何ですか？　お父さんに本当はどうしてほしかったのですか？」

明日香さんは答えてくれました。

「お母さんのことを殴らないでほしかった。お母さんと仲良くしてほしかった。お母さんに優しくしてほしかった」

自分の言葉で明日香さんは、幼い自分がお母さんを守ろうとしていたことに気づきました。そして、そんな自分を愛おしく頼もしく思えるようになりました。

明日香さんは、お母さんにこのことを話し、二人でお父さんのお墓参りをしたそうです。お墓参りで明日香さんの口から出てきた言葉は、怒りではなく感謝の気持ちでした。

「怒りをきちんと出し切ると、感謝の気持ちが湧いてくるんですね」

と、明日香さんは報告してくださいました。

他人のせいにするのが精神的に健康な証

お笑いコンビ、ナインティナインの岡村隆史さんは2010年に体調不良で約半年間、仕事を休業しました。原因は「ウケなかったら、どうしよう」という不安だったそうです。責任感の強さと自分に対する厳しさが過剰に働いてしまったのです。

復帰できるようになった経緯を、岡村さんはTV番組で次のように語っていました。

「『スベったのは、俺一人のせいやない』と考えるようにしたんです。ギャグがスベったのは、相方のせいでもある。ウケない台本書いた構成作家のせいでもある。スベった場面をカットしなかった編集も悪い……そう考えるようになったら、楽になったんです」

岡村さんは自分にばかり向いていた怒りの矛先を他者に向け直すことで、心と体を回復させることができたのです。

「他人のせいにしている限り、問題は解決しない」とよく言われますが、これは岡村さんのような怒りを自分にばかり向けてしまう人には当てはまりません。岡村さんのように、責任感が強く自分に厳しすぎる人は、怒りが自分自身にばかり向いて自分自身を傷つけてしまいがちです。

怒りを自分に向けてしまいがちな人は、他人のせいにしてみてください。

他人のせいにすることはいけないことのように思われますが、それは他人に頼ることにもつながります。

「この件は、私にはどうしようもない。あなたにお任せします」

他人のせいにするというのは、このように他人に任せる、頼ることでもあるのです。

岡村さんが他人のせいにすることで復帰できたのは、他人のせいにすることで、相方の矢部さんをはじめ番組スタッフの人たちに「頼ることができるようになった」からなのです。

小さな子どもは、悪いことがあると他人のせいにします。

「ママのせいだからね」「○○ちゃんが悪いんだよ」

子どもは天真爛漫、精神的に健康です。つまり他人のせいにするのが精神的に健康な状態なのです。もちろん、精神的に成長し社会に適応していくうえで、他人のせいにしないで、自分で自分のしたことの責任を取るようにしていくことは必要不可欠なことです。ですが、それは人間本来の精神的な健康を歪めてしまうことでもあるのです。

怒りが自分に向く責任感の強い人は、ときには他人のせいにしてみる。そのことで他人に頼ってみることも必要なのです。

では、次から「怒れない人」のための怒る練習をしていきましょう。

鏡に向かって怒り顔の練習をする

ふだん怒りを抑えている人が、いきなり「怒りなさい」と言われてもできるものではありませんよね。まずは、怒る練習をしましょう。

鏡に向かって怒る顔を練習するのです。

ふだん怒りを抑えている人は、怒る顔もできないことが少なくありません。

怒っているのではなく、拗ねているように見えてしまうことが多いのです。

前述したように、怒りと拗ねとでは、まったく目的が異なります。

ちゃんと怒っているように見えるように表情の練習をしてください。

怒りと拗ねの顔の表情の大きな違いは、目と口の形に表れます。

怒る

眉と目は吊り上がり、
怒鳴るときは
口は大きく開き、
無言の怒りでは
口はへの字に結ばれる。

拗ねる

目じりは下がり、
頬は膨らみ、
口はとがる。
中心に向かって
全体が縮まったような顔。

怒りは、眉と目は吊り上がり、怒鳴るときは口は大きく開き、無言の怒りでは口はへの字に結ばれます。不動明王の顔を思い出してください。

拗ねは、頬が膨らんで口がとがります。目じりは下がり、顔全体が中心に向かって縮まるようになります。ふてくされている表情ですね。

さあ、俳優さんになったつもりで、怒っている人を演じてみてください。鏡の中のあなたは、怒っているように見えますか？

職場でバカにされるのは、怒った顔をしないから

桃子さんは職場で、サボッている人に無能呼ばわりされたり、後輩にタメ口をたたかれたりしていました。

「一生懸命やっているのに、仕事で実績もあげているのに、なぜ？」

桃子さんは、不思議でなりませんでした。

私は桃子さんに、怒った顔をしてください、とお願いしました。彼女の顔は怒っているように見えませんでした。眉毛が下がり、むしろ笑っているように見えたのです。**桃子さんが人から軽くあしらわれるのは、彼女が怒りを表現していないからなのです。**後輩がタメ口で接してくると、桃子さんは眉毛を下げ嬉しそうな顔をする。だから、後輩は「この人はタメ口で接したほうが喜ぶんだ」と思ったのです。

私は桃子さんに、鏡を見て怒る練習をするようにお願いしました。怒り顔の練習を積んだ桃子さんは、職場でも怒り顔を表現することができるようになりました。すると、職場の人たちの桃子さんに対する態度が変化しました。面と向かってバカにするような悪口を言う人はいなくなり、後輩も敬語で話しかけてくるようになったのです。

意識的に怒った顔をすることで、怒りに翻弄される心配がないので、嫌われてしまうのではないかと心配することなく、安心して怒ったフリをすることができたそうです。

あなたが怒りを表現すれば、ほとんどの人は、あなたを不快にさせたことが分かるので、次からは同じことをしないように気をつけてくれます。

あなたが怒りを表現しなければ、あなたが不快な思いをしていることが、相手には分かりません。だから、あなたを傷つけるようなことを繰り返ししてきます。

怒りを表現することの第一歩は、怒っている顔をすることです。

さあ、鏡に向かって笑顔の練習と同じように怒り顔の練習をしましょう。

椅子に向かって怒る練習をする

怒る顔が演じられるようになったら次は、相手のイメージに向かって怒ってみましょう。いきなり本人に怒りを表明しようとしても、いつもの優しさがもたげてきて怒れないで終わってしまったり、しっぺ返しを受けたりしてしまいます。本番の前にリハーサルを十分にしましょう。

目の前に椅子を置いてください。その椅子に相手が座っていると思ってください。椅子ではなく座布団やクッションでもかまいません。または、ぬいぐるみを相手に見立ててもいいです。

椅子に座っている相手に、鏡で練習した怒り顔を見せてやりましょう。そしたら、言いたいことを、洗いざらいぶちまけましょう。大丈夫です。目の前に本人がいるわけではありませんから。言いたい放題、怒りをぶちまけてください。

言葉が出なくなったら、次は「ハーッ」とか「ウォーッ」など意味のない声で、怒りを表現して、相手にぶつけてみましょう。

怒るのにはとてもエネルギーが必要ですから、途中で怒るのに疲れてしまいます。

それでも止めずに、「ハーッ」とか「ウォーッ」など意味のない声で、怒りを表現し続けてみてください。

すると笑いがこみ上げてきます。怒っていることがバカバカしいというか、滑稽《こっけい》に思えて、すっきりした気分になります。目の前の相手が、小さく見えたり哀れに思えてきたりします。

怒りを我慢していたときは、相手に支配されている状態でした。

それが怒りを表現したことで、支配から抜け出すことができたのです。

そのことをイメージが示してくれます。

自分も相手も傷つけない怒り方／アクショントークとＩメッセージ

さあ、いよいよ怒りのリハーサルも大詰めです。自分も相手も傷つけない怒り方を練習しましょう。それは、アクショントークとＩメッセージです。

アクショントークとＩメッセージとは、相手が現在もしくは過去にどんな行動をして、それに対してあなたがどういう感情を抱き、あなたが将来相手にどんな行動を望んでいるのかを具体的に伝える話し方です。

次の順番で伝えます。

❶ 相手の行動

相手の性格や、相手がなぜそれをしたかについてのあなたの解釈ではなく、**「あなたが不満に思っている相手の行動」そのものだけに言及します**。相手の行動＝アクションだけに言及することから、アクショントークと言われています。

❷ 相手の行動に対する自分の感情

「つらかった」、「悲しかった」、「バカにされたと感じた」、「寂しかった」、「腹が立った」、「裏切られたと思った」など、相手の行動に対して「あなたがどのような感情を抱いたのか」を話します。

❸の1 相手に対する欲求 Desire

「優しくしてほしい」、「認めてほしい」、「大切にしてほしい」、「尊重してほしい」、「私だけを愛してほしい」など、相手に対する欲求を伝えます。

「××をやめてほしい」ではなく「○○してほしい」。つまり「浮気をやめてほしい」ではなく「私たちの関係を真剣に考え直してほしい」という言い方になります。

❸の2 相手に対する要求 Request

欲求を満たしてもらうために、相手にしてもらいたい具体的な行動が「要求」です。

「欲求」と「要求」を混同しないでください。

「欲求」を満たすためにしてもらいたい具体的な行動が「要求」です。

「要求」だけでは、なぜそうしてもらいたいのか、相手に伝わらないことがあります。

逆に「欲求」だけでは、具体的に何をしたらいいのか、相手は分からないのです。

ですから、「欲求」と「要求」の両方を伝える必要があります。「欲求」と「要求」は、順番はどちらが先でもかまいません。伝わりやすい順番にしてください。

❹ お互いの関係をよくするために自分がやること

お互いの関係をよくするために、あなたがやることを、相手に伝えます。

相手だけに改善を求めても、相手がそれに応じてくれる可能性は低いです。

お互いのメリットを見つけてそれに向かって一緒に取り組むようにするために、こちらも改めることはやりますと、お互いの幸せのために努力することを伝えることで、相手は動いてくれるのです。

これらを「私」を主語にして伝えます。

これが、Iメッセージと言われる所以《ゆえん》です。

どうして「私」を主語にする必要があるのかというと、「あなた」を主語にすると相手を非難してしまうことになりがちだからです。アメリカ映画で、「You!」と相手を指さしながら喧嘩をしているシーンを見たことありませんか。

それが「私」を主語にするだけで、自分の要求や感情を相手に伝えることができるようになります。文脈上、「私は～」で始まると、自分のことを話すことになるからです。

では、以上を、まともに話を聞いてくれない夫に腹を立てる妻を例にして、まとめてみましょう。

❶ 相手の行動

「私が、あなたに話しかけても、テレビを見ながら返事をするので……」

❷ それに対する自分の感情・気持ち

「私は、あなたがちゃんと私の話を聞いてくれていないように感じて、悲しい」

❸の1 相手に対する自分の欲求

「私は、あなたに大切にしてもらいたい」

❸の2 相手に対する自分の要求

「だから、私は、私が話しかけたとき、何もしないで、ただ私の話を聞くことに集中してほしい」

❹ お互いの関係をよくするために自分がすること

「私も料理の腕を磨いて、あなたがくつろげる家庭にするように努力するわ」

コミュニケーションの目的は、感情（自分がどう感じているか）と欲求・要求（どうしてもらいたいのか、何をしてもらいたいか、何を助けてもらいたいのか）を伝え合うことです。

そのことで、お互いのメリットを見つけてそれに向かって一緒に取り組めるようにすることです。

怒りの感情は、あなたにそれをさせようとしてくれているのです。

怒ったあとで自分を責めない／大切なのは自分の気持ちを言葉で伝えること

あなたが、相手を傷つけないように、自分の気持ちと相手に対する要望をアクショントークとIメッセージで伝えたにもかかわらず、それに対して相手があなたの望むリアクションをしてくれないこともあります。

それは、あなたが悪いのではなく、相手側の問題です。

悲しいかな、その人はあなたと、やり直したいとは思ってはいないということです。あなたのことを尊重してくれてはいないということです。

だから、相手の反応がよくなかったからといって、怒ったあとに自分を責めないでください。

大切なのは、自分の気持ちと相手への要望を、怒りを抑えることなく、言葉で伝えることです。それができた、あなた自身を褒めてあげてください。

第4章

怒りっぽい人のための怒りの表現方法

\(*`へ´)/ ムッキー!!

怒ることで望む結果が得られていますか？

怒ることで、あなたが望む結果が得られているか、見直してみましょう。

次の質問を自分自身にしてみてください。

「怒ることで、私は**相手に何をしてほしいと期待しているのだろう？**」

「怒ることで、私が**守ろうとしている大切なものは何だろう？**」


そして、もし怒ることで、それらがかなえられていないのなら、

「それを得るために、**怒る以外の方法はないだろうか？**」

と考えてみてください。


朱美さんは、小学校5年と3年の男の子のお母さん。物を出したら出しっぱなしの

子どもたちに、毎日のように怒鳴《どな》っていました。

朱美さんは、怒っても子どもたちが片づけをしないことは分かっています。それでも毎日、怒鳴ってしまいます。朱美さんは「怒ることで、私が守ろうとしている大切なものは何だろう？」と考えてみました。

部屋をキレイにしてほしい？……違うなぁ。私の言うことを聞いてほしい？……うーん、少し違うような……。あと一歩のところで、答えにたどり着きません。

それが、ある日いつものように散らかっている部屋を見て子どもたちに怒鳴ったときに、ふいに口から出た言葉で、朱美さんは自分の本当に守ろうとしている大切なものに気づきました。

「もう、片づけくらい一人でできなくて、大人になってからどうするのよ！」

そうなのです。彼女が守ろうとしていたものは、「子どもたちの将来」だったのです。

朱美さんは、怒る以外の方法で、そのことを子どもたちに伝えました。

「ママは、あなたたちがこのまま自分で自分のこともできない大人になってしまうんじゃないかって心配なの。お願いだから、ママを安心させてちょうだい。出した物はきちんと片づけてちょうだい」

すると3年生の次男が言いました。

「大丈夫だよ。ママがいないところでは、ちゃんと片づけしているから。ママがいるところでは、ママに甘えたいんだ」

朱美さんは、二人の息子を抱きしめました。

怒りが生まれる3つの原因

私たちは、どのようなときに、怒りの感情を感じるのでしょうか？

怒りが生まれるには次の3つの理由があります。

❶相手のしたことが自分の『期待』に反する
❷相手のしたことが自分の『価値観』に反する
❸怒りで相手を『コントロール』しようとする

こうしてみると、怒っている人は、相手に人生の主導権を取られまいと、もがいているのだということが分かります。

相手のしたことが自分の「期待」に反する

相手が自分の思いどおりにしてくれなかったと怒っている状態です。

上司は部下が自分の期待どおりの仕事をしなかったとき怒ります。親は子どもが自分の期待どおりに勉強しないと怒ります。

でも、待ってください。その期待に応えたときの**「相手のメリット」って何です**

か？

もしも、あなたが誰かから、あなたにとってメリットがほとんどないことを、勝手に期待をされて、それに応えなかったからといって、怒られたらどう感じるでしょう？

相手のしたことが自分の期待に反するからといって怒ることは、理不尽なことなのではないでしょうか。

この怒りに対処するには、相手に対する期待値を下げることが効果的です。相手に期待することを少なくすれば、それだけ怒りも生じなくなります。

相手に対する期待値を下げると「当たり前」が「有り難い」に変わります。

今まで、やってくれて当たり前だと思っていたことが、期待値を下げることで、こんなことまでやってくれて有り難いに変わるのです。

相手のしたことが自分の『価値観』に反する

「お前は間違っている！」と思っている状態です。

価値観は人それぞれ。相手の価値観を押し付けられたら嫌ですよね。だったら自分の価値観を相手に押し付けることはやめましょう。

「間違っている」と「違っている」。

「間」が二人の間に隔たりをつくってしまいます。

「お前は、間違っている」と思ったら、**「あなたと私は違う」**と言い直してみてください。

ほら、怒りが消えましたね。

怒りで相手をコントロールしようとする

「怒りで相手をコントロールしようとする」というのは、ヤクザが使う手です。脅して相手を好きなように操ろうとしているのです。

同じような手を親が子どもに対して使ってしまうこともあります。

恐怖政治といわれるような、暴力と武力とで、国民を服従させる手段として使われることもあります。

どれも相手は、しぶしぶ従っているだけです。弱味を見せたとたん、反撃に出てきます。専制君主は例外なくクーデターによって滅びています。

上司が私たちの意見をまったく聞こうとしません

怒りが生まれる3つの原因の中で、職場において特に多いのが、「相手のしたことが自分の期待に反する」です。それは、上司が部下に期待することだけでなく、部下が上司に期待することでも起こります。

有里子さんの職場では組織の再編がおこなわれ、今までふたつの課だった部がひとつの課になり、さらに他の部と統合されました。部内で人員がシャッフルされ、今まで別の部署が担っていた仕事もしなければならなくなりました。

その結果、混乱をきたすスタッフが出てきて仕事の効率は悪くなり、部内のモチベーションも下がり、とうとう退職者が3人も出てしまいました。

「部長も課長も現場にいながら現場の声を聞こうとしません。何か変更するにしても、スタッフの意見を聞かないで独断で進めて、勝手に決めてしまうのです。勝手に決められることに対して、大事にされていない感じがして悲しく、その気持ちを伝えたこともありましたが、分かってもらえませんでした」と、有里子さんは怒りと嘆きが重なり、退職を決意したのでした。

有里子さんは、尊敬できる上司の下で働きたいと転職先を探しています。

ちょっと厳しいかもしれませんが、私の意見をお伝えします。

会社は社員の期待に応えるために存在しているのではありません。逆です。社員が給料の対価として会社の期待に応えなければならないのです。上司に対して、私たちが楽しく働けるようにしてほしい、と要求するのは筋違いです。

とはいえ、退職者が3人も出たということは、会社の組織編成に問題があったことは間違いないでしょう。会社の人事や組織編成には、一社員が口を出せるものではありません。有里子さんたち一般社員に、行き場のない怒りが蓄積したのも無理のないことだと思います。

ここで、「相手のしたことが自分の期待に反する」ことが原因で生じた怒りには、どう対処したらいいのかを思い出してください。

そうです。**相手に対する期待値を下げるのです。**

有里子さんは、尊敬できる上司の下で働きたいと願って退職されました。しかし、どのような人が上司になるのかは、入社してからでないと分からないのが普通です。「親と上司は選べない」とは、よく言ったものです。

ですから、上司に期待することを下げてみてください。

最低限これだけは外せないということをひとつだけを決めてみましょう。

そして、他のことは期待しない。

有里子さんは、今までの職場で、上司の嫌な面をたくさん体験できたわけです。それは理想の上司像を知るため、そして自身が理想の上司になるための体験だったのではないでしょうか。

怒れば怒るほど、怒りは大きくなってしまう！

ある心理カウンセリングのワークショップに参加したときのこと。そのカウンセラーは相談者さんに、親に対する怒りをぶちまけるように誘導しました。

相談者さんは、椅子を放り投げたり興奮状態で怒りを爆発させました。

カウンセリングが終わったとき、その相談者さんが楽になったどころか、ますますつらくなってしまったことがその表情で分かりました。

このように、怒りは「発散すれば治まる」と勘違いしている人が、カウンセラーの中にも少なからずいます。ですが、実際は怒れば怒るほど怒りは大きくなるのです。これを作業興奮といいます。やる気が起きないときは、小さな行動を起こすことで、脳が刺激されてやる気が起きます。同じようなことが感情にも当てはまります。ちょっと怒ると、ますます怒りが湧いてくるのです。怒りっぽい人が、しょっちゅう怒りを爆発させるのは、このためです。

ですから、怒りっぽい人が怒りを爆発させないようにするには、ちょっとした怒りを感じたとき、「抑える方法」を知っておくことが必要なのです。

怒りを表明してよい3つの状況

怒りは、あなた自身とあなたにとって大切な人やものを守るための感情です。

そして、怒りは八つ当たりでは解消されません。しかも、八つ当たりでは、自分の大切なものを守るという怒りの本来の目的もかなえることができません。
したがって、怒りを表明してよい状況というのは、次の3つの条件を満たしている
ときとなります。

❶ 八つ当たりでなく、怒りの原因をつくった人に向けられる
❷ 怒りで相手を撃退できる
❸ 相手と和解するきっかけになる

怒ってしまったことを後悔していることをいくつか思い出してください。
それぞれ、満たせていなかった条件は、どれでしょうか。
そうなのです。私たちが怒ったことを後悔するのは、

❶ 八つ当たりしてしまったとき
❷ 怒っても自分の大切なものを守れなかったとき

のどれかなのです。

だから、怒ったことを後悔しないためにも、この3つを頭に入れておいてください。

では、後悔しないための怒り方をお伝えしていきます。

怒りをコントロールする方法／吐く息と一緒に怒りのエネルギーを抜く

怒りをコントロールするために、まず初めに試していただきたい簡単な方法があります。深呼吸です。

ちょっとした怒りを感じたときに、大きく深呼吸するようにしてください。

吐く息を意識して、大きくゆっくりと息を吐きながら体の力を抜きます。

怒ると
脅威から
身を守るために
体に力が
入ります

深呼吸をして
体の力が抜けると
怒りのエネルギーも
一緒に
抜けていきます
怒り

息を吐くと体の力が抜けます。

体の力が抜けることで、怒りのエネルギーも一緒に抜けていきます。

感情は体の感覚として現れます。そしてその逆も可能です。体の感覚を意識的に変えてみることで、感情をコントロールすることもできるのです。

怒ると脅威から身を守るために体に力が入ります。逆に体の力を抜けば、脳はもう脅威は去ったので怒る必要ないと判断するのです。

息を吐くとき体の力を抜くことを意識しながら、深呼吸を数回繰り返すだけで、大抵の怒りはその場で鎮まります。

怒りは小さなうちに深呼吸で鎮める。怒りっぽい人には効果的です。

イラッとしたら、すぐにその場を離れる

怒りのスイッチが入ってしまうと、なかなか止めることは難しいものです。

そこでおすすめしたいのが、イラッときたら、すぐその場を離れること。

脅威への対処法は、「逃げる」、「戦う」、「耐える」です。

怒りっぽい人は、「戦う」という対処法に偏っています。ですから、別の対処法「逃げる」か「耐える」を意識的やってみてください。

とはいっても怒りっぽい人に「怒るな、我慢しろ！」と言っても難しいですよね。


そこで、**おすすめしたいのが「逃げる」**。

つまり、**イラッとしたら、即その場を離れることです**。

たいていの怒りは、相手が目の前にいなければ、自然と冷めていきます。

なぜなら、怒りは目の前の脅威から自分を守るための感情だからです。怒りの対象が目の前にいなければ、守る必要がないので、怒りも消えてしまうのです。

これなら、怒りっぽいあなたにもできそうじゃないですか。


橋本さんご夫婦は、いつも些細なことで夫婦喧嘩をしてしまい、夫婦仲が険悪になってしまって困っていました。奥さんのちょっとした小言にご主人が反応して、怒鳴ってしまうのです。

そこで、ご主人は奥さんの言葉にイラッとしたら、その場を離れて自分の部屋に行くことにしました。奥さんにも協力していただいて、夫の後を追いかけないようにお願いしました。

すると、いつのまにか、どちらともなく、「さっきはゴメン」と歩み寄るようになり、夫婦仲は改善しました。

夜の怒りは一晩寝かせて、無用なストレスをつくらないこと

私の息子たちは小学校低学年まで理由もなく怒り出すことがありました。そんなとき彼らは必ず、怒り散らした後、すぐに眠ってしまうのです。つまり、彼らが怒って

いるのは、ただ単に疲れて眠いからだったのです。

これは子どもだけではありません。大人も疲れていると怒りやすくなります。疲れているとき、なんでもないことで腹を立ててしまった。誰しも身に覚えがあるのではないでしょうか。

よっぽどの夜型人間でもない限り、人は夜になると疲れが溜まっています。ですから、昼間なら何でもないことに、腹が立つことがあります。そして、多くの場合、腹を立てて喧嘩してしまったことを、翌日になって後悔することになります。

そうならないために、**夜に感じた怒りは、一晩寝かせましょう**。ほとんどの怒りは、翌朝になったら治まっています。朝になってもまだ怒りが治まっていないようなら、その怒りは表明すればいいのです。

一晩寝かすだけで、無用な人間関係のストレスの原因をつくらないですみます。

夜に感じた怒りには、ご用心。

喧嘩になるのは、いつも【同じ場所】と【同じ時間帯】

繰り返し起きる問題は、パターン化していることが多いです。怒りが爆発して喧嘩になるのは、いつも【同じ場所】や【同じ時間帯】であることが多いのです。

夫婦喧嘩が絶えない星野さんご夫妻に、喧嘩になるときのパターンをヒアリングさせていただきました。すると、夕飯のときにダイニングで、喧嘩になることが多いことが分かりました。奥さんの何気ない小言に、ご主人がイラッとして怒鳴ってしまうところから、喧嘩が始まることが分かりました。

私はまず【場所】を変える課題を、お二人にお出ししました。

「喧嘩になりそうになったら、風呂場に移動して好きなだけ喧嘩してください」

ですが、お二人にはこれは無理な課題でした。いったん喧嘩が始まってしまうと、場所を移すことなどできなかったのです。

そこで次に【時間】を変えるよう提案しました。

「朝食のときにわざと喧嘩してください」

お二人は渋々、その課題を実行しました。すると、喧嘩するのがバカらしくなってしまったそうです。ただでさえ忙しい朝に、わざわざ喧嘩のネタを探すのに苦労し、こんなに探さないと見つからないような些細なことで喧嘩するなんてバカらしいと思ったそうです。そして、夕飯どきにも喧嘩をすることはなくなりました。

「あれ？」っと思ったら相手に聞く／仲たがいの原因のほとんどは誤解から始まっている

怒る前に、相手の言い分を聞きましょう。多くの場合、相手の言い分を聞くことで、誤解が解けます。私たちは勘違いで怒ってしまうことが多いものです。

不当な怒りをぶつけられた相手からしてみれば「それは誤解だ。あなたの勝手な思い込みで、私を裁かないで！」となります。

不要な争いや不仲の原因をつくらないように、相手がどう考えているか勝手に推測せずに、きちんと本人の言い分を聞きましょう。

相手の言い分を正しく聞くために、次の質問を相手にしてみてください。

「あなたが○○をしたことに対して、私は××と感じました。なぜ、○○したのか、

説明してくれませんか」

○○の部分に相手の言動を、××の部分に相手の言動に対するあなたの気持ちを入れます。

美代子さんが幼稚園にお迎えにいくと、それまで話をしていたママ友たちが、美代子さんの顔を見るなり気まずそうに話を中断しました。美代子さんは、ママ友の一人の雅恵さんに聞きました。

「さっき私が来たら、雅恵さんたち楽しそうに話していたのに、急に話すのをやめたじゃない。私自分の悪口を言われてたんじゃないかと不安になったの。なぜ、私の顔を見たとたん、気まずそうにして話を中断したのか、教えてくれない」

雅恵さんは驚いて答えました。

「えー、そんなふうに思ったんだ。ごめんねぇ。実はちょっとエッチな話で盛り上がってたんだ。美代子さん、そういう話嫌いじゃない。だからやめたの」

「そうだったんだ。勘違いしちゃってゴメンね」

喧嘩や仲たがいの原因のほとんどが誤解から始まっています。相手の考えを勝手に悪いように推測して、勝手に怒っていることが多いのです。つまらない誤解で大切な人間関係を壊さないように、「あれ？」っと思ったら相手に聞いてみましょう。

相手の感情と人格（性格）を攻撃しない

怒りを表現するうえで守らなければならない大切なことがあります。それは、

「相手の感情と人格（性格）を攻撃・否定しない。言動を変えてくれるように伝える」

ということです。

なぜ、感情と人格を否定してはいけないのかというと、感情と人格は、意識的に変

えられるものではないからです。意識的に変えられるのは、言動だけです。ですから、**言動を変えてくれるように伝えるのです**。

意識的に変えることができない感情や性格を否定・攻撃されると、人は文字どおり人格そのものを否定されたと思い、心を閉ざしてしまいます。そうなると、何を言ってもしても、こちらの気持ちは相手の心に入っていきません。

言動を変えるように伝えたのであれば、相手にあなたとの関係をよくしていこうという気持ちがあれば、それをしてくれるでしょう。ほとんどの言動は意識的に変えることができるのですから。

「**感情や人格を否定する**」ことと「**言動の修正を要求する**」ことの違いは、幼児を相手にしてみると、明確に分かります。まだ、なにものにも染まっていないので、人間本来の素の反応が返ってくるからです。

子どもは、オモチャを散らかしっぱなしにすることが、よくあります。そのとき「オモチャを片づけなさい！」としかると、素直に片づけます。これは行動の修正を要求しているからです。

ところが、「また散らかしっぱなしにして。何回言ったら分かるんだ！　お前、バカじゃないのか」などと言うと、泣き叫んで抗議します。人格を否定しているからです。

兄弟喧嘩をしたとき「そんなことで怒るじゃないよ！」と言うと、激しく泣き叫んで抗議してきます。感情を否定されたからです。

「怒ってもいい。だけど、頭や顔をたたいたらダメ。まず、口で『やめろ！』と言って、それでもやめないようなら、腕や脚をたたきなさい」。そう言うと、素直に従います。行動の修正を求められただけだからです。

ところが、大人の中には、行動の修正を求められただけなのに、怒り狂う人がいます。

たとえば、整理整頓をモットーとしている会社で、机の上を整理するように注意されただけで、「机の上が散らかっていることと、仕事ができるできないは関係ないです！　バカにされたように感じます」などとキレてしまう人などです。

こういう人は、幼少期に養育者などから、行動の修正と人格や感情の否定をセットで浴びせられ続けていたのでしょう。ですから、彼らは相手が言動の修正を要求しているだけなのに、昔、親などからされたように感情や人格まで否定されたと思ってしまうのです。

「責められるのは嫌だ！」

その人の潜在意識の中で、どんなことが起きているか考えてみましょう。

無意識のうちに相手の言葉に自分で言葉を付け足して、自分で付け足した言葉に怒っているのです。

たとえば、「机の上を整理整頓しておくように。整理整頓が我が社のモットーだ」という行動修正を求めているだけの相手の言葉の後に、「何度言ったら分かるんだ。

バカじゃないか」という言葉を自分で付け足してしまっているのです。

しかも悲しいことに、こういう人は、自分を尊重してくれている人に対して反発し、自分の感情や人格を否定してくる人たちに抗議をしないのです。

なぜかというと、その人の潜在意識に入力されている指令が次のようになっているからです。

「責められるのは嫌だ！」この指令に従って、無意識のうちに反応しています。

自分の感情や人格を否定してくるような人に抵抗したら、しっぺ返しがくることは決まりきっています。ですから、そういう人には黙って何も言わない。

そこで溜まった怒りが、「この人は反撃してこないだろう」という人に対して向けられます。

多くの場合、なぜ反撃してこないのかというと、その人のことを尊重しているからです。ですが、相手にとっては、その人のことを尊重して接しているにもかかわらず、訳の分からない怒りをぶつけられたのですから、たまったものではありません。

その人のことを傷つけるような反撃はしないまでも、もうその人とは関わるのは避けるようにするでしょう。

こうして、その人の周囲は、その人のことを粗末に扱う人ばかりになってしまうのです。

では、どうすれば、そこから抜け出すことができるでしょうか？

いろいろな方法がありますが、今回は一人でもできる方法をひとつご紹介します。

無意識のうちに脳に入力している指令を切り換える

そもそも、なんでこのようなことが起きてしまうのかというと、**無意識のうちに脳に入力している指令が適切でないからです。**

前述の人は、自分の脳に次のような指令を入力しています。

「【責められる】のは嫌だ！」

脳はコンピューターと同じです。入力した指令どおりの言動を本人にとらせます。だから、入力する指令を適切なものに変えてやればいいのです。

つまり、**自分がどのような人間関係を望んでいるのかを考えて、それを入力すればいいのです。**

たとえば「私はお互いに【尊重】し合える人たちに囲まれている」「私はお互いに【信頼】し合える人たちに囲まれている」などです。

ここで注意が必要です。キーワードをあなたが求めているものにしてください。脳はインターネットの検索エンジンと同じで、キーワード検索するからです。「私は、自分のことを【否定】する人とは付き合わない」とすると【否定】というキーワードに反応して、否定する人に意識が向くようになってしまいます。

あなたが本当に求めているものをキーワードとして入れます。
たとえばこのケースでは「私はお互いに【尊重】し合える人たちに囲まれている」
などとなるでしょう。

そうやって、言葉ができたら、実際にそういう人の顔を何人か思い浮かべてくださ
い。上記の文章なら、尊重し合える人の顔を思い浮かべます。そして、これを一日に
何回も繰り返します。

望まない人物に出会ってしまったら、そのたびに
「私はお互い【○○】し合える人たちに囲まれている」
と自分に言い聞かせ、自分が望む人物の顔を何人か思い浮かべてみます。
そうすれば、あなたの潜在意識は、あなたが望む人間関係を集めてくれるでしょう。

相手の立場で考える方法

発作的に怒りを爆発して相手を責めてしまい、あとで相手の事情を知って後悔したことはありませんか？

「そんな事情があるなら、早く言ってくれればよかったのに」

怒りっぽい人は、自分の誤解だったと分かっていても、このように相手を責めてしまいがちです。相手にしてみれば、「説明しようにも、あんなふうに一方的に怒りをぶつけられたんじゃ、どうしようもないじゃないか」なのですが。

相手の気持ちが分かっていたら、怒ることはなかったのに……。

そんなあなたに、相手の立場で考えられるようになる方法をお伝えします。

エンプティチェア・テクニックという心理療法です。

椅子をひとつ用意してください。椅子がなければ座布団でもかまいません。

その椅子の上に相手（Aさん）が座っていると思ってください。椅子の上にAさんの姿を思い浮かべてみます。

あなたがその人に怒りを感じたときのことを思い出してください。

そうしたら、目の前の椅子に移動して、Aさんになったつもりで座ってください。

椅子に座ったとき「私はAです」と宣言します。

そして、目の前にあなたがいると思ってください。

Aさんの目であなたを見ていると思ってみます。


Aさんから見ると、あなたはどんなふうに見えるでしょう？

いつも鏡で見ているあなたの顔とどう違いますか？

Aさんは、あなたのことをどう思っているでしょう？　あなたが考えているのとは違った印象をAさんはあなたに対して持っているかもしれません。

椅子の上に
Aさんの姿を思い浮かべて
怒りを感じた時のことを
思い出しましょう
Aさん

Aさんの目で
自分を
見てみましょう
私はAです
私のことを
どう思って
いるんだろう？
Aさんは
この件について
どう思って
いるんだろう？

Aさんは、この件（あなたが怒りを感じた事件）について、どう考えているでしょう？　Aさんには、どんな事情があったのでしょう？

相沢課長は部下の真野さんのことを、しょっちゅう怒鳴りつけていました。真野さんはうつ病で休職することになりました。相沢課長は上司から、部下の育成指導能力に欠けると評価されました。

相沢課長は、エンプティチェア・テクニックを試してみました。

すると、真野さんが「なぜ成果が出ているのに人格を否定するような叱責を受けなければならないのだ」と感じていることが分かりました。

相沢課長は、自分が真野さんに「間抜け、ノロマ、お前はその程度の男なのか！」と言っていたことに思い当たりました。学生時代、運動部でならした相沢課長にとっては、それは先輩が後輩を激励するための常とう手段だったのですが、真野さんは人格（性格）を否定されたと感じていたことが分かりました。

相沢課長は、エンプティチェア・テクニックで感じた真野さんの気持ちと、真野さんを課を引っ張っていくリーダーに育てようと厳しく指導してしまったことを、真野さんにメールで伝えました。

復職する際、真野さんは他部署への異動を人事から提案されましたが、再び相沢課長の下で働くことを選びました。

こんなふうに、ただ単に椅子を移動してみるだけで、相手の立場で考えられるようになります。そのことでお互いの誤解が解けることもあります。お試しあれ。

第5章

怒りを表現するまでの5つのステップと対処法

(｀□´)コラッ!

怒りが生まれるまでの5つの経路

この章では矢野のオリジナル・メソッドである『人生を変える5つのポイント』を、怒りのコントロールに応用してお伝えします。

あなたが周りで起きていることを見聞きして、それに対して怒りを表現し、相手が反応するに至るまで、次の5つの経路を経ています。

❶ 怒りの原因となる出来事を見聞きする（環境情報入力）
❷ その出来事を記憶と照合する（記憶をイメージによって照合）
❸ 記憶に基づいて意味づけをする（思考）
❹ 思考によって怒りの感情が発生する（感情）
❺ 感情に従って行動を起こす（行動）

❻ あなたの行動に相手が反応する（結果＝環境の変化）

1章で登場した3人を例に説明しましょう。

ママ友から嫌われるのが怖い裕美子さんの5つの経路

裕美子さんは、幼稚園に通う悠斗くんのお母さん。悠斗くんの幼稚園の友だちの日花里ちゃんの誕生日会に呼ばれました。誕生日プレゼントには千円までという取り決めがあったのですが、引っ越してきたばかりの裕美子さんはそれを知らずに、手づくりのスカートをプレゼントしました。

ところが、日花里ちゃんのママは、裕美子さんのスカートを口先だけでお礼を言って、ソファの上に無造作に放り投げたのです。日花里ちゃんが裕美子さんのスカートを着ることは、一度もありませんでした。**（環境情報入力）**

「えっ、どうして？　私何か悪いことした？」そうは思ったものの、裕美子さんの脳《のう》裡《り》には、子どものころの記憶がよみがえりました。母親に文句を言うと、『そんなことで文句言う子は嫌いです』と、何日も無視されたのです。**（記憶をイメージによって照合）**

裕美子さんの頭の中には「嫌われたらどうしよう、嫌われたらどうしよう……」という言葉が延々と流れていました。**（思考）**

裕美子さんは怒りと悲しみで胸をえぐられるような痛みを感じました。**（感情）**

裕美子さんは、ママ友たちの仕打ちに怒りを感じたものの、嫌われるのが怖くて黙っているしかありませんでした。**（行動）**

日花里ちゃんの家は町の名士であり、ママ友たちの間では、新参者の裕美子さんが気に入られようと賄賂《わいろ》を渡したと噂が立ってしまいました。そのため、ママ友たちは裕美子さんをあからさまに仲間はずれにするようになりました。**（結果＝環境の変化）**

上司のパワハラを我慢してうつ病になった伊藤さんの5つの経路

「伊藤、ちょっと来い！」長谷川部長の怒鳴り声をいつものように伊藤さんは聞きました。**（環境情報入力）**

部長の怒鳴り声を聞くと、父親のことを思い出します。伊藤さんの父親は気性の荒い人で、反論しようものなら、殴る蹴るの仕打ちを受けたのです。**（記憶をイメージによって照合）**

伊藤さんには自分だけが、こんなふうに怒鳴られる理由が見当たりませんでした。「我慢だ。ここで反論したら何されるかわかったもんじゃない」。**（思考）**

伊藤さんは怒りと恐怖で、胃が締め付けられるのを感じました。**（感情）**

伊藤さんは長谷川部長のパワハラに黙って耐え続けました。**（行動）**

その結果、伊藤さんは長谷川部長のストレスのはけ口として怒鳴られ続けてしまい、うつ病になってしまったのです。**（結果＝環境の変化）**

人を傷つけるのが怖くてリストラされた雄介さんの5つの経路

「大規模な人員整理があることは知っているね。そのリストにきみの名前があがってきた。ほら、きみ独身だろ。それに、まだ若い。きみなら転職先だっていくらだってあるだろう。我が社もきみのような優秀な人材を手放すのは惜しいのだが、頼むよ」。雄介さんは部長から呼び出され、退職勧告を受けました。**(環境情報入力)**

なにをされても怒らない雄介さんは、面倒な割に評価されない仕事ばかりを押し付けられていました。それにもかかわらず真面目に働き、人並み以上の成果も出してきました。自分がリストラされるのは不当であると雄介さんは思いました。

怒りを感じたとたん、雄介さんは幼いころに聞いた母親の声を思い出しました。「あんたみたいな大きな子が、小さな健介をたたいたら、死んじゃうでしょ!」。そして相手の姿が、やせっぽちで小さな弟の姿と重なって見えました。**(記憶をイメージによって照合)**

「ぼくが、怒って勧告を受けなかったら、部長と会社が困るだろう。それに、ぼくが

断れば別の人が辞めさせられる。ぼくの怒りが誰かを傷つけてしまう」。**（思考）**

雄介さんは自分の怒りが相手を傷つけてしまうという罪悪感から、怒りを抑え込みました。しかし、抑え込まれた怒りは自分自身に向かい、肩にずっしりと重くのしかかりました。**（感情）**

雄介さんは退職勧告を受け入れました。**（行動）**

しかし、再就職先はなかなか見つからず、もうじき失業手当の支給も終わってしまいます。雄介さんは一人暮らしのアパートで、転職情報誌を眺めながら途方に暮れてしまいました。**（結果＝環境の変化）**

変えたいのは「結果」であって、「考え方」ではない

ここで得たいのは、理想的な「結果」ですよね。そして、結果に至るまで、

（環境情報入力）→（イメージ）→（思考）→（感情）→（行動）

という5つのポイントを経ています。ということは、結果を変えるには、この5つのポイントのどこかを変えればいいことになります。

よく「考え方次第」という人がいますが、考え方を変えるのは、5つの中のひとつの選択肢にしかすぎません。

工業製品で不良品が出てしまった場合、どのように対処するでしょうか。その製品の製造工程は5つあるとします。「すべての原因は不適切な考え方にある」としてしまうのは、工業製品で不良品が出たときに「原因は製造工程3にある」と決めつけてしまうようなものです。こんな工場長がいたらクビですよね。製造工程が5つあるなら、そのすべてをチェックする必要があります。

私たちの心も同じなのです。**自分にとって好ましくない結果になってしまったときは、（環境情報入力）、（イメージ）、（思考）、（感情）、（行動）のどこに原因があるの**

かを調べてみる必要があります。

しかし工業製品と違って私たちの心は、さまざまな要素が絡み合ってできていますから、原因をひとつに特定することは困難です。

ですから、**どこでもいいので5つのポイントのどこかを変えてみてください。**

そうすれば、結果も自ずと変わります。

このとき注意していただきたいことがあります。

リスクのないところから変えてください。

変えても元にもどせるものを変えるようにしてください。いきなり離婚や転職をしないでくださいね。取り返しがつかないことになりかねませんので。

では、3人を例にして、5つのポイントをひとつずつ説明していきましょう。

怒りのスイッチを切るスイッチをつくる

「朱に交われば赤くなる」という諺があるように、私たちは環境に大きく左右されています。ですから、怒らないようにするには、怒りを感じる要因を取り除くことができればいいわけです。

とはいっても、そう簡単に怒りの原因を取り除けるものではありませんよね。3人の場合も怒りの引き金となることを見聞きしないようにすることは難しいです。

そのようなときは、怒りの引き金となることを見聞きした直後や、怒りの引き金になる状況が起こりそうになったときに、「怒りを鎮めるようなもの」を見聞きするようにしてみましょう。

裕美子さんの場合、ママ友たちから無視されるのを見て見ないふりをするのは難しいです。こちらからママ友たちに近づかないようにしたら、ますます状況は悪くなってしまうでしょう。

ですから、無視するママ友を見た直後に、「嫌な気分にならないもの」を見るようにします。たとえば、悠斗くんの写真を見るようにします。そのことで、怒りを鎮めることができます。

他の2人の場合も、同様にして怒りを感じないようにすることは可能です。しかしながら、この3人の問題は、怒りを抑えてしまうことにありますので、この方法は適切ではありません。

怒りを出しすぎてしまう人には、怒りのスイッチとなるものを見聞きしたとき、写真を見たり音楽を聴いたりなど、心が安らぐものを見聞きする方法が効果があります。

イメージを使った怒りのコントロール法／相手の印象を変えてしまう

あなたの初恋の人はどんな人ですか？

さて、あなたはこの質問で何を思い出したでしょうか。初恋の人の顔、声、肌のぬくもり、体臭、初めてのキスの味……これらは全部イメージなのです。

私の初恋の人は、丸顔で顎鬚《あごひげ》を生やしていて色が黒くて、ゆったりとした話し方をして……というように言葉では思い出しませんでしたよね。

どうしてかというと、私たちの脳は、物事を言葉ではなくイメージとして記憶しているからです。

では、脳の記憶を書き換えるにはどうしたらいいでしょうか？

そうですね。イメージを変えればいいのです。実際には、イメージを変えても記憶している出来事が変わってしまうわけではありません。ですが、起きたことの記憶は変わらなくとも、それに対する印象は変えることができます。

同じ大きさ重さのリンゴがふたつあります。片方は色が赤く、もう一方は青い。どちらのリンゴが甘いと思いますか?

そうです。赤いほうですよね。こんなふうに、**たったひとつのイメージで物事に対する印象を変えることができる**のです。

裕美子さんは、無視するママ友たちを見て、「そんなことで文句言う子は嫌いです」という母親の顔と声を思い出しました。

裕美子さんが怒りを抑えてしまう原因は、**「母親の機嫌を損ねて嫌われることに対する恐れ」です**。ですから、母親の顔と声のイメージを機嫌がいいように変えれば、その恐れは軽減されます。あなたも一緒にイメージしてみてください。

母親の「そんなことで文句言う子は嫌いよ」という声を、ディズニーのキャラクターが言うような明るく楽し気な口調でミュージカル調にしてみましょう。

そして、母親が歌いながら踊っているように想像してみてください。

ほら、楽しそうだ。嫌われてなんてないよ。

伊藤さんは、怒鳴る上司の声を聞いて、父親の怒鳴り声を思いました。

伊藤さんが怒りを抑えてしまう原因は、**「父親に対する恐怖心」**です。ですから、父親の声と顔のイメージを怖くなくて滑稽なものに変えてしまえばいいのです。あなたも一緒にイメージしてみてください。

父親の「コラッ!」という怒鳴り声を、「こらっ」と女性の優しい声色に変えてみましょう。

父親の顔に、イメージの中でイタズラ書きをしちゃいましょう。額に「肉」と書いたり、頬に赤い丸を書いたり。

ほら、怖くなくなった。

雄介さんは、上司から不当な扱いを受けると「あんたみたいな大きな子が、小さな弟をたたいたら、死んじゃうでしょ！」という母親の声と、小さくてやせっぽちの弟の姿を思い出しました。

雄介さんが怒りを抑えてしまう原因は、**「弟を傷つけてしまうことに対する罪悪感」**です。ですから、母親の声を責めているような声から褒めているような声に変えて、弟の姿をどうやっても傷つかない頑強な男に変えてみましょう。

あなたも一緒にイメージしてみてください。

母親の声をヘリウムガスを吸い込んだときのようなアニメ声にしてみましょう。そして、弟の首から下を相撲取りやプロレスラーのように、全力でぶつかってもダメージを受けないような頑強な体にイメージしてみましょう。

どうですか？「今度はきっちり怒ってやる」と思えたと思います。

怒ることに罪悪感を覚えなくなったのではないでしょうか。

どうですか？　なんかスッキリしますよね。

「相手に嫌われたらどうしよう」とか「仕返しが怖い」とか「相手を傷つけてしまったらどうしよう」なんて、不安や恐れや罪悪感は一瞬で消えてしまいます。これがイメージを使った怒りのコントロール法です。

思考は言葉によってつくられる

考え方を変えるには、まずは考え方（思考）とは、いったい何かを知る必要があります。

私たちは何を使って考えているでしょうか？

何かを考えているとき、あなたの頭の中には何がありますか？

そうなのです。私たちは考えるのに言葉を使います。

つまり、思考は「言葉によってつくられる」ものなのです。

環境情報を五感（主に目と耳）で入力し、それをイメージで記憶と照合し、記憶に基づいて推測して言葉によって意味をつけます。そのつけた意味が、自分が許せないものであれば怒りが生じます。

ですが、人生で起きることにもともと意味などないのです。

脳科学者の池谷裕二《いけがやゆうじ》さんによると、「私たちの**脳は、自分がしたことや自分の身に起きたことを正当化するための言い訳を考える機能が備わっている**」のだそうです。

つまり、怒るのは、そのほうが自分を正当化できるからです。

なんとも都合がいい話ですよね。でも、せっかく備わっている脳の機能を、利用しない手はないのではないでしょうか。

意味は自分に都合がいいように勝手につけていいのだから……、

あなたが、

◉安心できる（楽になれる）ように

◉成長できるように

◉愛を感じられるように

意味をつけちゃっていいのです。

そうすれば、どんな苦労や災難でもプラスに結び付けることができます。

では、どのようにしたら、安心できて、成長できて、愛を感じられるように意味づけを変えることができるのでしょうか？

思考は言葉だという説明をしました。だから、**思考を変えるには言葉を変えればいいのです**。やってみましょう。

怒りを感じたとき、無意識に口に出している言葉、あるいは心の中で言っている言葉はなんでしょう？

その言葉を、どのように変えれば、安心できるでしょうか？

成長できるでしょうか？　愛を感じられるでしょうか？

「嫌われたところで大したことではない」とわかったケース

まずは、嫌われるのが怖くて怒りを抑えてしまう裕美子さんです。

裕美子さんの頭の中には「嫌われたらどうしよう、嫌われたらどうしよう……」という言葉が延々と流れていました。

裕美子さんはその言葉に、「安心・成長・愛」の３つで意味をつけ直すことに挑戦してみました。

【安心】の意味づけ

「この言葉を、どんなふうに変えれば、私は安心できるかしら？」

↓「きっとなにかの誤解よ。いつか誤解が解けて仲良くなれるわ」

【成長】の意味づけ

「この言葉を、どんなふうに変えれば、私の成長につながるだろう？」

↓「こちらから話しかけてみよう。そうすれば一人くらいとは友だちになれるわ」

【愛】を感じられる意味づけ

「この言葉を、どんなふうに変えれば、ママ友たちの私に対する愛、ママ友たちへの自分の愛を感じられるだろう？」

嫌われたら どうしよう
嫌われたら どうしよう…。
この言葉を
変えてみましょう
安心
きっとなにかの
誤解よ。
いつか誤解が解けて
仲良くなれるわ
成長
こちらから
話しかけてみよう。
そうすれば
一人くらいとは
友だちになれるわ
嫌われたところで
大したことじゃ
ないわ！
愛
これはちょっと
無理ね。
愛してもらいたいとも
愛したいとも
思っていないもの

↓「うーん、これはちょっと無理ね。だって、私この人たちから愛してもらいたいとも、この人たちを愛したいとも思っていないもの。そうよ。ただ、寂しくない程度にお喋りできればいいのよ」

こんなふうに、言葉を変えることで、「嫌われたところで大したことないじゃない」と裕美子さんは思いました。

恐怖が自信に変わったケース

次は、仕返しが怖くて怒ることができない伊藤さんです。

伊藤さんの頭の中は「ここで反論したら何をされるかわかったもんじゃない」という言葉が占めていました。

伊藤さんはその言葉に、「安心・成長・愛」の3つで意味をつけ直すことに挑戦してみました。

【安心】の意味づけ

「この言葉を、どんなふうに変えれば、俺は安心できるだろうか？」

↓「医者に行ってうつ病の診断をもらってきて、パワハラで部長のこと訴えてやる。そうすれば、こいつも人事部から制裁を受けて少しは大人しくなるだろう」

【成長】の意味づけ

「この言葉を、どんなふうに変えれば、俺の成長につながるだろう？」

↓「これは試練だ。この部長のパワハラに耐えることができれば、ちょっとやそっとのことではへこたれない頑強なメンタルになれる。強靭《きょうじん》なメンタルを手に入れた俺は怖いものなしだ」

【愛】を感じられる意味づけ

「この言葉を、どんなふうに変えれば、部長の俺に対する愛、部長に対する俺の愛を感じられるだろう？」

↓「部長が俺に厳しくするのは、俺に期待しているからだ。その証拠に、まったくダメな佐々木は相手にもされてないじゃないか」

こんなふうに、言葉を変えることで、「あれ？　恐怖が自信に変わったぞ」と伊藤さんは思いました。

罪悪感を抱えて怒りを表現できない場合、一時的に他人のせいにしたほうがいいケース

最後は、人を傷つけるのが怖くて怒りを抑えている雄介さんです。

雄介さんの頭の中は「ぼくが怒ったら、誰かを傷つけてしまう」という言葉でいっぱいになっていました。

雄介さんはその言葉に、「安心・成長・愛」の3つで意味をつけ直すことに挑戦してみました。

【安心】の意味づけ

「この言葉を、どんなふうに変えれば、ぼくは安心できるだろうか？」

↓「ぼくが退職勧告を断ったところで誰も困らないさ。部長もぼくを辞めさせられなかったからといって評価が下がるわけじゃないだろうし、代わりに辞めさせられる人なんていないさ」

【成長】の意味づけ

「この言葉を、どんなふうに変えれば、ぼくの成長につながるだろう？」

↓「きっとこの会社の他に、自分の力を発揮できるところがあるんだ。これを機会に、自分は何をしたいのか？　自分の才能は何なのか？　自分自身の棚卸をしよう」

【愛】を感じられる意味づけ

「この言葉を、どんなふうに変えれば、上司たちのぼくに対する愛、上司たちへのぼくの愛を感じられるだろう？」

↓「愛？　あいつらは、ぼくのことをちっとも考えてなんてくれていない。さんざん面倒な仕事を押し付けておいて、お払い箱なんだから。ぼくのことを粗末に扱う奴らのことを、ぼくはなんで庇《かば》っていたんだろう」

こんなふうに、言葉を変えることで、「ぼくは悪くない。悪いのは奴らのほうだ」と雄介さんは罪悪感を抱えることがなくなりました。

他人のせいにすることは悪いことのように思われていますが、雄介さんのように罪悪感を抱えて怒りを表現できない人には、一時的に他人のせいにすることが有効な場合が多いのです。

感情は体の感覚として現れる

思考と感情の違いはなんでしょう？　思考と感情の違い、分かっていそうで分かっていないものですよね。

思考は「言葉」。**感情は言葉にならない「体の感覚」**です。

感情は体の感覚として現れます。言いたいことを言わないで我慢していると喉が詰まった感じになる。失恋すると胸にポッカリ穴が空いたような感じがする。やりたくないことを無理してやると胃が痛くなる。激怒したとき「腹わたが煮えくりかえる」ともいいますね。

では感情を変えるにはどうすればいいのでしょうか?

実は5つのポイントの中で、感情だけが唯一変えることができません。

では、どうすればいいのかというと、**感情は変えるのではなく、「寄り添う」のです**。

「自分は今、怒っているんだ」と、自分の感情を認めるのです。

感情に寄り添う、感情を認めると言われても、どうやったらいいのか分かりませんよね。先ほど、感情は言葉にならない「体の感覚」だと説明しました。だから、感情に寄り添う、感情を認めるには、**体の感覚に意識を向ければいいのです**。

まず怒りが体のどこにあるのか探します。

「私の体のどこが一番怒っているだろう?」と自問して、体の感覚を探ってみてください。多くの場合、胸か下腹にあります。

場所が特定できたら、その部位に手を当てます。そして、怒りがある体の部位に話かけます。

「あなたが、そこにいることに気がついたよ。今まで無視したり嫌ったりしてゴメンね」

そして、共感します。

「腹が立つね。あんなことされたら怒るのが当然だよ」

そうやって、しばらく**怒りのある体の部位を撫でてあげてください。**

そうしたら**「大丈夫だよ。私が傍についているからね」と言ってあげてください。**

それだけで、怒りは鎮まります。

裕美子さんは、「私の体のどこが一番怒っているだろう?」と、体の感覚を探ってみました。すると、胸がえぐられているように感じました。

「あなたが、そこにいることに気がついたよ。今まで無視したり嫌ったりしてゴメン

わたしの体のどこが一番怒っているのだろう？
今まで無視したり嫌ったりしてゴメンね
あなたがそこにいることに気がついたよ
腹が立つね。あんなことされたら怒るのが当然だよ
大丈夫だよ。わたしが傍についているよ
雨のおかげで花は咲くことができた。人も同じ。嫌われるのを怖がって人を避けていたら成長できないわ

ね。お母さんもママ友たちも腹が立つね。あんなことされたら傷つくよね。でも嫌われたくないんだよね」

裕美子さんは、泣いている赤ん坊をあやすように、怒りがある胸を優しく撫で続けました。すると、胸のえぐられていた部分に土が盛られて、そこに芽が出ているように感じました。小さな芽に激しい雨が打ちつけます。

裕美子さんは「大丈夫だよ。私が傍についているよ」と芽に話しかけました。すると、その芽は雨に打たれながらも生長して美しい花を咲かせました。

「そうか、雨に打たれるのを怖がっていたら花を咲かせることはできないんだ。それどころか、雨のおかげで花を咲かせることができたんだ。人も同じだ。**嫌われるのを怖がって人を避けていたら成長することができない。**花を咲かせることもできないんだわ」。裕美子さんは、そんなふうに思い、嫌われることが怖くなくなりました。

伊藤さんが「俺の体のどこが一番、怒っているだろう?」と体の感覚を探ると、胃が締め付けられるのを感じました。

「お前が、そこにいることに気がついたよ。今まで無視したり嫌ったりしてゴメンな。親父も長谷川部長も腹が立つよな。でも親父も部長も怖いよな」

伊藤さんは、泣いている少年の頭を撫でて慰めるように、胃のあたりを優しく撫で続けました。すると、胃の締め付けが緩んできました。そして「怖いよう、怖いよう」と泣いている少年の姿が思い浮かびました。

「大丈夫だ。俺がついてる」。伊藤さんが少年に言うと、少年が伊藤さんに抱きついて泣きじゃくっているように感じました。やがて、少年は顔を上げました。その顔は明るい笑顔になっていました。胃の締め付けはすっかりなくなりました。

「そうか、自分で自分の気持ちを認めてやれば、怖くなんてなくなっちまうんだ」。伊藤さんは、大切なことに気づきました。

雄介さんが「ぼくの体のどこが一番、怒っているのだろう?」と体の感覚を探ると、肩にずっしりと重みを感じました。

「きみが、そこにいることに気がついたよ。今まで無視したり嫌ったりしてゴメンね。

母さんも会社の人たちも腹が立つよな。だからといって傷つけたくないよな」

雄介さんは、ふさぎ込んでいる少年の背中をさすってやるように、自分の肩を優しく撫で続けました。すると、自然とふーっと息を吐いていました。そのことで、肩の力もふーっと抜けてゆきました。まるで肩の荷が下りたようでした。

「大丈夫。ぼくが傍についているからね」。雄介さんは肩に向かって言いました。

すると、さらに肩の力が抜けました。雄介さんは、今まで無意識のうちにこんなにも肩に力が入っていたことに驚きました。

「今まで、ぼくは他人の責任まで背負ってきたんだな。**ぼくが怒りを表現したことで、相手が傷つくかどうかなんて相手の問題なんだ。ぼくが責任や、ましてや罪悪感なんて持つ必要なんてなかったんだ。ぼくが責任を感じたり、罪悪感を持ったところで、誰も幸せにはならないんだ**」。雄介さんは、そう思いました。

小さな行動を変えるだけで人生は大きく変わります！

私たちが何か行動を起こすと、それによって周囲の環境に何らかの影響を与えます。この環境の変化が、**環境情報入力→イメージによって記憶と照合→言葉で意味づけ→感情→行動**という一連のステップの結果となります。

そして、自分の行動によって変わった環境の情報を再び私たちは目や耳から入力します。このようにして、5つのポイントを経て、絶えず環境も私たち自身も変化し続けます。

私たちは、「大きな変化を起こすには大きな行動を起こさなければできない」と考えがちです。ですが、私たちの脳には「安定化指向」という急激な変化を嫌う性質があり、それを阻んでいます。

どうしてそんな性質があるのかというと、私たちを守るためです。生物にとっては、今生きているだけで大成功なのです。だから、これから先も今までと同じことをしていけば、さらに生き延びていける可能性が高くなります。

行動を変えてしまったら、生きていける可能性が逆に低くなってしまうと、私たちの本能は判断します。

だから、急激な変化を起こすような行動をしようとすると、無意識の反発にあって失敗してしまうのです。**私たちが、変わろうとすればするほど変われないのは、この安定化指向という脳の性質のためなのです。**

でも、変わりたいですよね。そんなときは、どうしたらいいのか？脳を騙すのです。「私は変わろうなんて思っていないもーん」と、脳に思わせるのです。そのためには、どうしたらいいか？

今の自分に無理なく簡単にできることだけをするのです。

今の自分に無理なく簡単なことしかしていないのですから、脳はあなたが変化しようと企んでいるとは思いません。その隙をついて、あなたは大きな変化を手に入れればいいのです。

「確かな一歩の積み重ねでしか、遠くへは行けない」

でも、今の自分に無理なく簡単にできることをしたくらいでは、何も変わらないんじゃないの？　と思われるかもしれません。

大リーガーのイチロー選手は、こう言っています。

「確かな一歩の積み重ねでしか、遠くへは行けない」

スポーツは、素人でもできるランニングや柔軟体操などの基礎トレーニングの積み重ねなくしては、一流になることはできません。

スポーツ以外でも同じです。今日無理なく簡単にできることをすることで、あなたは1週間後にはもっとレベルの高いことを無理なく簡単にできるようになるでしょう。1か月後には、さらに無理なく簡単にできることのレベルが上がります。こうして、1年後、3年後、5年後と、あなたに無理なく簡単にできることのレベルはどんどん高くなり、いつのまにか大きな変化を遂げているのです。

裕美子さんは、ママ友たちの機嫌を損ねないように彼女たちのあからさまな無視に黙って耐えていました。少なくとも一人は友だちができるように、裕美子さんは今の自分に無理なく簡単にできることを考えました。

そこで、一番話しやすくて優しそうな智子さんに「おはよう」と声をかけてみることにしました。智子さんは、「おはよう」と挨拶を返してくれました。

裕美子さんは智子さんに、誕生日プレゼントに金額の決まりがあることを引っ越してきたばかりで知らなかったことや、自分には娘がいないので可愛い服を一度つくってみたかったので、ちょうどいい機会だと日花里ちゃんのスカートを縫ってみたこと、それが話題のきっかけになって裁縫好きの友だちができたらいいなと思っていたことなどを話しました。

智子さんは、裕美子さんから聞いた話を他のママ友たちにしました。すると「実は私も、あのスカート可愛いなと思って、どうやってつくったのか教えてもらいたいと思ってたんだよね」という人が、何人も出てきました。

こうして誤解は解け、裕美子さんはママ友たちと子どもの服のことで話が盛り上がるようになりました。


伊藤さんは、報復を恐れて部長のパワハラに耐えていたため、ストレスが溜まって体調を崩してしまいました。伊藤さんは病院に行き、うつ病の診断を受けました。

そして、それを人事に提出しました。その際、長谷川部長から受けたパワハラの詳細も添えました。長谷川部長は人事から指導を受け、伊藤さんへのパワハラはなくなりました。

パワハラをするような権力をふりかざす輩《やから》は、自身も権力に弱いのです。伊藤さんは「目には目を歯には歯を」で、長谷川部長を撃退することができたのです。

雄介さんは、相手を傷つけるのが怖くて不当な待遇に甘んじ続けたあげく、リストラに応じてしまいました。雄介さんは、新しい職場では同じような目にあわないようにしようと決めました。

そのために、今回リストラされた会社で何をしていたら正当に評価してもらうことができたのか、そのために自分に簡単にできたことは何だったかを振り返って考えてみました。

「面倒な仕事を断るというのは無理だな。では、面倒な仕事でも喜んで引き受けて楽しそうにやってみよう。楽しそうに仕事をしていれば、楽しい仕事をもらえるようになるかもしれない。

どう評価するかは上司が決めること。ぼくにできることは、どんな仕事も楽しんでやることだ。そのためには、まず採用面接で、前職のことを楽しそうに話そう」

こうして雄介さんは、楽しんで再就職活動をすることができるようになりました。

3人の例では、5つのポイントすべてで効果があったように書きましたが、実際は効果があるのは、ひとつかふたつのポイントだけです。ですから、そのポイントが見つかるまで、ひとつずつ試してみてください。

また、うまくいく方法が見つかっても、たった1回ですっかりよくなるわけではありません。同じ状況になったら、また怒りを感じたり、怒りを抑え込んで苦しくなったりします。

私たちの脳には「安定化指向」という性質があることを先述しました。安定化指向があるため、私たちは急激に変化することはできません。**変化を定着させるためには、うまくいく方法を繰り返しおこなうことが必要なのです。**

ですから、うまくいく方法が見つかったら、それを続けてください。

怒りが湧いてくるたびに、怒りを抑えてしまうたびに、それをするのです。

面倒くさい？

おめでとうございます。そう思われるようでしたら、あなたにとってその怒りはすでにどうでもいいものになっています。

第6章

相手の反応次第で付き合い方を変える
／こういう人とは仲直りしてはいけない

((o(>皿<)o)) キィィィ!!

あなたが怒った理由を相手に考えさせるため、すぐに仲直りしない

怒りを表明するのは、相手との関係を壊すためでなく、相手の注意を引き、**自分のことをもっと大切にしてもらうためです**。したがって、怒りを表明したあとに仲直りするのは当然のことです。

ですが、ずっと抑えてきた怒りをやっとのことで表明できた人は、怒ったあとにすぐに仲直りしてしまわないように気をつける必要があります。

ふだん怒りを抑えてきた人は、怒ることに抵抗があるので、怒った直後に相手に謝ってしまうことが多いからです。

怒った直後に謝ってしまっては、あなたが怒ったことが間違いであると相手に思われてしまうことになりかねません。相手はこんなふうに思うでしょう。

「ほら、やっぱりあんたが悪いんじゃないか」

「ああ、やっぱりこいつは、どんなふうに扱っても大丈夫だ」

ですから、**すぐに仲直りしようとあなたから謝ってしまわないように、怒りを表明したら、その場はいったん相手から離れて、あなたが怒った理由を相手に考えさせてください。**

そして、相手のほうから歩み寄ってきて、謝罪したり仲直りの提案をしてきたりするのを待ちましょう。

大丈夫です。我慢強いあなたが怒るようなことです。明らかに相手にも非はありま す。相手にあなたとの関係をよくしようという気持ちがあるのなら、必ずその人は、あなたに謝罪し、あなたと仲直りしようとしてくれます。

和解していいケースと和解してはいけないケース

怒りを表明したあとは、仲直り、つまり和解のチャンスがやってきます。

ですが、和解になるケースとならないケースがあります。そして、和解していいケースと、和解してはいけないケースもあります。

和解になるケース、ならないケース

矢野家のケースでご説明しましょう。

当時6歳の長男が3歳の次男の顔をたたいて泣かせたので妻にしかられました。

長男は怒って泣き叫びます。

「ママなんて大嫌いだ！」

以下、私と長男の会話です。

「どうしたの?」

「こうちゃん(次男)が先にオレの顔をたたいたのに、ママがオレのこと怒った」

「そうか、こうちゃんが先にやったんだよな。こうちゃんが先に手を出さなきゃ、みっくんはたたいたりしないもんな」

長男の怒りが鎮まってきます。

「みっくんが、本当はママのこと大好きなのに、大嫌いって言っちゃうように、ママだって、本当はみっくんのこと大好きなのに、怒っちゃったんだよ。ママのところ行って仲直りしよう」

長男は、妻のところに行って言います。

「ママ、ごめんね」

妻が言います。

「ママのほうこそ、よく話を聞かないで怒ったりして、ゴメンネ」

和解成立です。

このとき、母親が次のような反応をしたら、どうなるでしょう?

「やっと、自分が悪いって認めたわね。これからは気をつけなさい」

子どもは、再び泣き叫ぶことでしょう。

和解ならずです。

自分の改善点は何?

ふたつのケースで、いったい何が違うのでしょうか?

子どもが、先に和解を求めて、謝ったのは同じです。

前述のケースでは母親が「ゴメンネ」と、自分も謝っています。

後述のケースでは母親は「自分が悪いって認めたわね」と、相手を責めるだけで自分は謝っていません。

和解は、双方の歩み寄りによってもたらされます。

歩み寄りとは、「ごめんなさい」と、自分にも改善すべき点があることを認めて謝ることです。

前述の母子のやりとりを、ベストの和解にすると、次のようになります。

「さっきはゴメンネ。これからは、顔や頭をたたかないように気をつけます」

「ママのほうこそ、あなたの話も聞かないで怒ってしまってゴメンナサイ。これからは、ちゃんとあなたの話を聞くからね」

このように、双方が、自分にも改善することがあることを認めて、謝るのです。

そうすれば、和解成立です。

私は謝る必要なんてない？

ここまで読んで、「私は悪くないんだから謝る必要なんてないわよ」と思われた人もいらっしゃるのではないでしょうか。

人殺しや殺傷、窃盗など、法律に触れることでもない限り、また、親と幼児、上司と部下のように、肉体的な強さや権力の違いから、一方的に相手から傷つけられた場合を除くと、どちらか一方だけが悪いということはないのです。

どちらにも、多かれ少なかれ非がある。非があるというと語弊があるかもしれません。「改善の余地がある」と言ったほうが適切でしょう。

どちらかが、「自分にも改善の余地があった。ゴメンナサイ」と言う。それに応じて、もう一方も「こちらこそ、ゴメンナサイ。私にも改善の余地があり

ました」というやりとりになると、和解成立です。

双方が、「自分は悪くないので、何も変える必要がない」とコンタクトを取らない。どちらかが、自分にも改善の余地があったと謝ったのに、「ようやく自分が悪いって認めたか（でも、こっちは悪くないから何も変える必要も謝る必要もない）」と、もう一方が、それに応じなかった場合、和解不成立となります。

相手だけに変わることを強要して、自分は変わろうとしないと……

なぜ、こんなに謝ることが大切なのかというと、「ごめんなさい」には、省略された意味があるからなのです。

「ごめんなさい。こんな私でも許してください、受け入れてください」

これが、ごめんなさいの全文です。つまり、自分を相手に差し出しているのです。

コミュニケーションは相互通行です。

相手が自分自身をあなたに差し出したら、あなたも自分自身を相手に差し出さなければ、「真の和解」はもたらされないのです。

相手だけに、差し出させて（謝らせて）、自分は差し出さない（謝らない）。
相手だけに変わることを強要して、自分は変わろうとしない。
それでは、和解は成立しません。

偽りの和解／相手を服従させただけ

ここで、「真」の和解と書いたのには理由があります。実は、私たちが和解だと思っているものは、「偽りの和解」であることが多いのです。

たとえばこんなケース。

生徒が授業中に騒いでいたのを教師が注意しました。そのことを母親が知って、学校にクレームを言います。

「うちの子が、授業中騒ぐなんてことあるはずないです。仮にうちの子が騒いだのだとしたら、それは先生がつまらない授業をしているせいです。うちの子がしかられるのはおかしいです。謝罪してください！」

教頭、校長に説得されて、教師はしぶしぶ親と生徒に頭を下げます。

母親と生徒は、「謝るんなら、今回だけは大目に見ましょう」と、騒ぎを大きくするのをやめます。

うわべは、騒動にならずにすんだのですが、これは和解ではありません。母親が教師を服従させただけです。

服従させられた人は、自分より弱い者を服従させようとすることがあります。いじめられっ子が、いじめっ子になってしまうのは、そういう心理が働いているのです。

また、**相手を服従させた人は、いずれ憂き目を見ます**。

そんな人と誰も親身に付き合ってはくれないですし、その人が窮地に陥ったとき、誰も助けてはくれないでしょう。

独裁者がクーデターで政権をはく奪されるのは、歴史が証明しています。

原因はあなたにはないことだってある

もうひとつ異なるタイプの「偽りの和解」を説明します。

浮気をした夫を許せないと憎む妻。

友人に相談すると、同情はしてくれるものの、「あなたにも、原因があるんじゃないの？」と言われる。

専門家に相談しても「ご主人が浮気したのには、あなたにも原因があるはず。あなたの心の内側の影が、ご主人の浮気という問題として現れているのです。他人を変えることはできません。あなたが変われば、ご主人も変わるのです」と、被害者であるのに、まるで自分が原因のように言われる。

妻は、皆がそう言うのだから、私が悪いのかもしれないと反省し、夫を許し、もう一度やり直そうと和解する。

しかし、それは和解ではなく、**「自分を責めているだけ」**なのです。

友人やカウンセラーの意見に服従しただけです。

妻が、夫との関わり方をいくら変えても、夫は浮気を繰り返すことだってあるのです。

その人と和解すべきか、別れるべきか決断するために、自分が先に差し出す

あなたが、相手との和解を望んでいるのなら、あなたが相手より先に謝り改善策を提示して、自分自身を差し出すことが必要です。

「なんで、私が先に謝んなきゃいけないのよ！」とおっしゃるかもしれませんね。

あなたが先に、謝れば、相手の本心を確かめることができます。

その人と和解すべきか？　別れるべきか？

決断することができるのです。

相手の本心が分かれば、これ以上、あなたと和解したいと思っていない相手に気を病まずにすみます。

新しい人間関係を築くのに、時間とエネルギーを費やせるようになります。

縁を切るほうがお互いのためになる

あなたが、相手に自分自身を差し出したとき、相手にあなたと和解する気があるのなら、相手もあなたに謝り、改善策を提示して、自分自身をあなたに差し出してくれるでしょう。そういう相手とは、より深い絆で結ばれるようになります。

相手が、自分は悪くないと言い張ったり、あなたをさらに責めたりする場合は、残念ながら、相手が求めているのは、**〈和解〉ではなく、あなたを〈服従〉させること**です。

そういうケースでは、距離をおいたり、縁を切るほうが、お互いのためになります。少なくとも、あなたのためにはなります。

謝らない理由／自分は被害者だと思う

それでも、どうしても「謝るのは嫌！」と思う方もいらっしゃると思います。

そういう人は**なぜ、謝るのは嫌だと思っているかというと、「自分は被害者」だと思っているからです。**典型的なのは、夫の浮気を許せない妻です。

昭雄さんは、男の私から見ても美男子で仕事もできる、女性がほうっておくわけない男性です。女性からの誘惑に負けて、昭雄さんは浮気をしてしまいました。

それが、妻の憲子さんの知るところとなり、昭雄さんは女性との関係をすぐに清算し、憲子さんに謝罪しました。

でも、憲子さんは、許してくれません。いつまでも、昭雄さんのことを責め続けます。

憲子さんは昭雄さんに言います。

「私のこと愛しているなら、証明してみせてよ」

昭雄さんは、言います。

「愛しているさ、だから女とすぐに別れた」

「そんなの、当たり前でしょ！　そもそも、愛しているなら、浮気なんてしないわよ」

「じゃあ、どうすれば、俺が君のことを愛している、大切にしているってこと、分かってもらえるのかな？」

「自分で考えなさいよ。私のこと本当に愛しているなら分かるはずでしょ」

女性からしたら、もっともなご意見なのですが、男性は、女性がどうしてもらえたら愛されていると思えるのか、正直なところ分かりません。

しかし、昭雄さんは、努力しました。高価な宝飾品をプレゼントしたり、二人で豪華なレストランに食事に行ったり、家事を手伝ったり……考えられる、あらゆることをしてみたのです。

ですが、憲子さんは、許してくれません。

昭雄さんと私のカウンセリングでの、やりとりです。

「奥さんが、昭雄さんのことを、許してくれないのは、どうしてだと思いますか？」

「僕のこと、恨んでいるんでしょ」

「恨んでいるとしたら、奥さんが、あなたに望んでいることは何でしょう？」

「僕が苦しむことでしょう。だから、何をしても許してくれない。そうやって、僕のことを苦しめているんだ」

「どうして、奥さんは、ご主人のことを苦しめたいと思っているんでしょうね？」

「自分が、浮気されて、苦しい想いをしたからでしょ。復讐ですよ」

「ということは、こういうことですか。

奥さんは、自分が苦しい想いをしたんだということをご主人に、分かってほしいと思っている」

その夜、昭雄さんは憲子さんに言いました。

「君に苦しい想いをさせてしまって、すまなかった。何を言っても言い逃れにしかならないと思う。

今、俺にできるのは、君がどんなに苦しい想いをしたのか、それを俺自身も体験してみることしかない。

だから、俺のこと、もっと苦しめてくれ。君が苦しんだのと同じくらい、いやそれ以上、苦しめてくれ」

そんな夫に憲子さんは「あんた、ドMね」と冷たく言い放ったそうです。

もう、一生、許してもらえないかもしれない。昭雄さんは、そう思ったそうです。

ある日、昭雄さんは、千数百円の鉢植えを買って帰りました。

それを見た憲子さんは「なにコレ?」と、いつものように冷たい態度で言いました。

「なんでか分からないけど、この花を見たら、君の笑顔が思い浮かんだので……。ゴメン。こんな安い草花で。もっと、いいやつを買ってくるよ」

昭雄さんが、鉢植えを片づけようとすると、憲子さんが泣きだしました。

「そのまま、そこに置いておいて。ゴメンナサイ。今まで、さんざんあなたを試すようなことして。ありがとう、もう許してあげる。そして、私のことも許して」


それ以来、憲子さんが昭雄さんを責めることはなくなったそうです。

昭雄さんは、私に不思議そうにおっしゃいました。

「女心は訳が分かりません。数十万円の宝石より、千数百円の草花を喜ぶんですから」

「どうして、奥さんは、安い草花で許してくれたんだと思いますか？」

「さあ……」

「宝石を買ったり、家事を手伝ったりしたとき、あなたは、『奥さんに許してほしい』という気持ちでやっていましたよね。つまり、自分のためにやっていたのです。

それが、花を買ったときは、花を見て奥さんの笑顔が思い浮かんだから買った。それは、奥さんのためにやったわけです。

女性は、そういうところを敏感に感じるんですよ」

昭雄さん憲子さんご夫妻が、以前よりも、より深い信頼と愛情で結ばれるようになったことは言うまでもありません。

インド建国の父、ガンジーの言葉で締めくくりたいと思います。

「真の和解は、被害者が加害者へ手を差し伸べることで起こる」

分かり合える人との付き合いを大切にしましょう

あなたが、アクショントークとIメッセージ（第3章112P参照）で、自分の気持ちと相手に対する要望を伝えたにもかかわらず、相手があなたのことを無視したり、あなたのことを非難したりしてくるようなら、そういう相手とは距離をおいたほうがいいです。

私たちは、どんな人とでも分かり合えるわけではありません。あなたが怒りを相手も自分も傷つけないやり方で表明することで、あなたが本当に分かり合える人と、そうでない人が分かります。

分かり合える人との付き合いを大切にしましょう。

分かり合えない人とは、距離をおきましょう。

どうしても関わらなければならないことに関してだけ事務的に関わるようにしましょう。

人と距離を置くためのイメージワーク

人との距離感を取るための心理ワークをご紹介します。

私たちの肉体は皮膚によって、これは私の体、そっちはあなたの体、というように境界線が明確にあります。

ところが、心は目に見えないため境界線が曖昧《あいまい》です。そのため、相手の気持ちが入り込んできて気兼ねしすぎて疲れてしまったり、逆に自分の感情を相手に押し付けようとしてしまったりということが、たびたび起きてしまいます。

それを防ぐためには、心にも肉体と同じように皮膚をつくってやる必要があります。

それを心理ワークでやってみましょう。

❶あなたの前に、距離をおきたい相手が立っていると思ってください。あなたとその人との距離を２ｍ以上離してイメージしてください。

あなたの前に心の皮膚をイメージしてみましょう。体の周囲にバリアをはりめぐらせるつもりで両手を動かしてみてください。それがあなたの心の皮膚です。

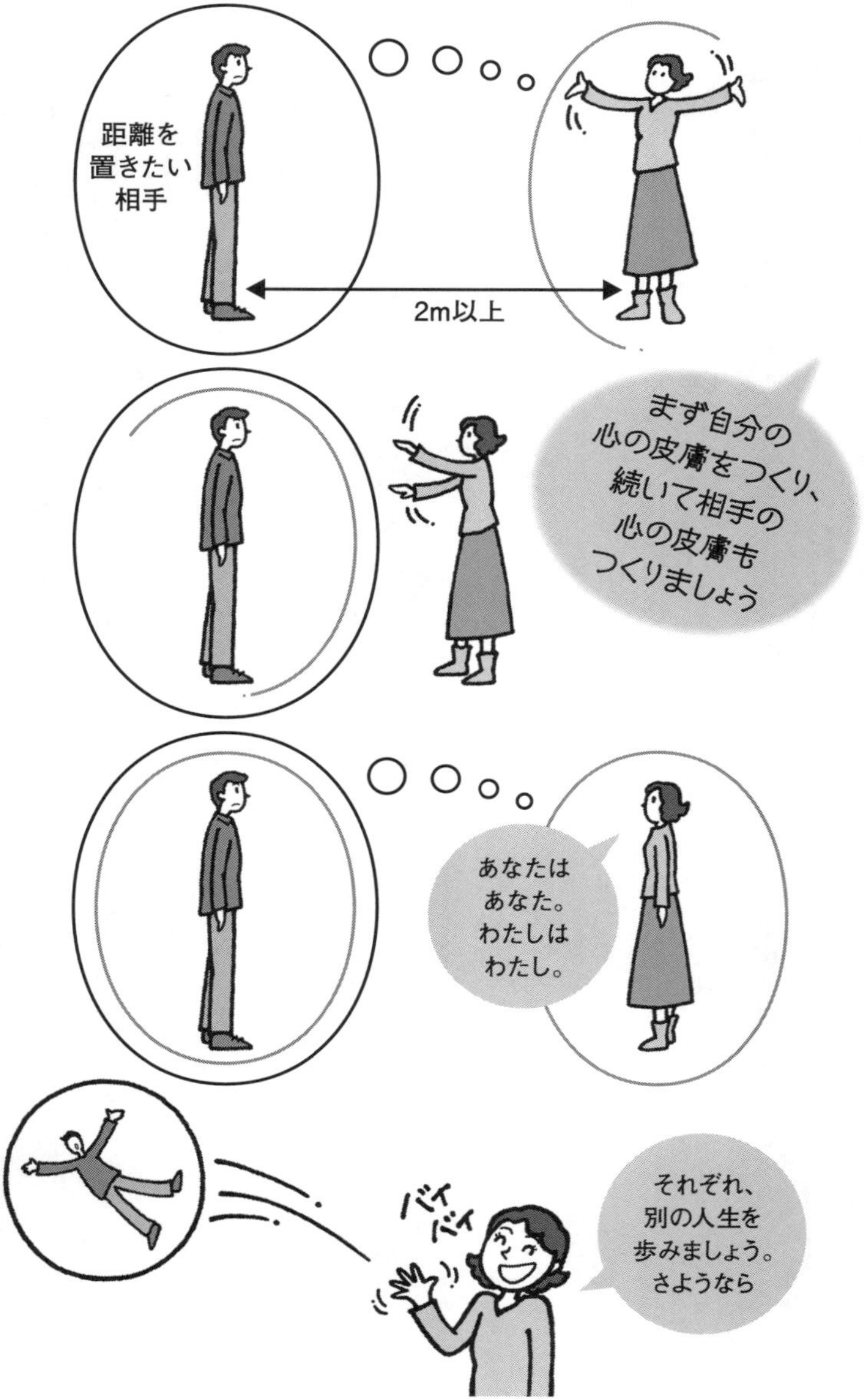

距離を置きたい相手
2m以上
まず自分の心の皮膚をつくり、続いて相手の心の皮膚もつくりましょう
あなたはあなた。わたしはわたし。
バイバイ
それぞれ、別の人生を歩みましょう。さようなら

❷次に相手のすぐ前に立って、相手の心の皮膚もつくります。同じように、相手の体の周囲にバリアをはりめぐらせるように両手を動かしてみてください。

❸そうしたら、自分が立っていた場所に戻ります。そして、相手を眺めてみてください。相手に対する印象がどのように変わりましたか？

怒りをほとんど感じなくなり「もう関係ない人」という感じがするかもしれません。

相手のイメージに向かって言ってください。

「今まで私に怒りのエネルギーを与えてくれて、ありがとう。私はもうそのエネルギーなしでも大丈夫です。あなたは、あなた。私は私。それぞれ、別の人生を歩みましょう。さようなら」

そして、相手のイメージを遠くに飛ばしてしまいましょう。

「クレーム対応で人格まで否定されてつらいです」

敦子さんは家電メーカーのお客さま窓口担当。毎日、お客さんから苦情の電話を受け付けています。そんな敦子さんからのご相談です。

お客様窓口といえば聞こえはいいですが、実際は苦情処理です。怒鳴られるのは日常的で、もう慣れました。ですが、「お前みたいなやつがいるから、この会社の製品はすぐに故障するんだ」「あんた独身だろ。そんな喋り方じゃ、男は寄ってこないぞ」など、製品の故障とは関係ないことで、会ったこともない私のことを、あれこれけなしてくる人も少なからずいます。

「なんで見ず知らずの人に、こんなこと言われなきゃならないの！」と腹が立つものの、立場上、怒鳴り返すこともできず、こればかりは慣れる気がしません。ストレスを食べることで解消して体重がどんどん増えています。醜く太ってしまった自分が嫌でたまりません。

行き場のない怒りが、ご自身に向かって過食にはしってしまっているのですね。おつらいですね。どうかご自分を責めないであげてください。

相手があなたの人格まで否定してくる場合、その人の怒りはあなたのせいではありません。その人は、日ごろの鬱憤をここぞとばかりに立場の弱いあなたにぶつけているのです。その人の怒りはあなたとは無関係です。

そんないわれのない怒りをぶつけてくる人への対処法をお伝えしましょう。

怒っている相手への対処の仕方／何に不満を抱いているのか？

私のアイフォーンが故障してアップルのサポートセンターに電話したときのこと。対応が実に見事でした。

「電話すると、こちらの声が相手に聞こえないんですけど」

「それはお困りですね。ご不便をおかけしまして申し訳ございません。お客様のアイフォーンが正常に機能しますよう、最大限わたくし笹本がサポートさせていただきます」

このように、**こちらが何に不満を抱いているのかを察して先に謝り、しかもこちらの要望も先回りして答えてくれた**のです。

話し方がたどたどしかったので、おそらくマニュアル化された対応なのだと思います。ですが、そうと分かってはいても、こちらの不満や怒りを理解しようとしている姿勢が伝わってきて、いつのまにか怒りが消えていました。

怒っている相手に対処する場合、**どんなことに不満を抱いているのか？　まずは相手の怒りを理解しようとしてみてください。**

そして、その怒りがあなたからしたら不当なものだと思えても、相手が感情を損ねてしまったのですから、**言い訳をする前に軽い気持ちで謝ってみましょう。**

それだけのことで、相手の怒りは鎮まります。

次に、**相手があなたに何を望んでいるのか、考えてみましょう。**

そして、あなたに相手の要望に応える気持ちがあることを伝えてみましょう。

それでも怒り続けて、あなたの人格まで否定してくるようでしたら、その人の怒りはあなたのせいではありません。心の皮膚をつくって、その人とは距離をおく、できれば付き合わないようにしましょう。

女は仕事ができなくてもニコニコ笑ってりゃいいんだ

男女平等になってきたとはいえ、職場での男尊女卑は根強いものがあります。女性社員を軽くみる男性管理職に怒りを覚える美樹さんからのご相談です。

その怒りと悲しみが伝わるよう、彼女からのメールをそのまま転載します。

「女の子は仕事ができなくても、若くて可愛ければ、ニコニコ笑っていればいい」と、平然と言う男性管理職。

仕事を教えてもらえなかったので、自力でなんとかした。

私は仕事をしたかったので当時、本気で「死ね！！！」と思っていた。
今だったら、「そうですかぁ～～」と笑顔であしらって、しゃあしゃあと仕事をする事もできるだろうけれど、当時は男性に
「女は……」
と言われる事が心底腹立たしかったです。

第4章でお伝えした「怒りが生まれる3つの原因」（124ページ）を思い出してください。その中の「相手のしたことが自分の《期待》に反する」「相手のしたことが自分の《価値観》に反する」が、男性管理職と美樹さんの怒りを生み出しています。

ですから、お互いが、相手の期待と価値観に気づき、それを尊重できるようにすれば、双方ハッピーになれます。

そのためには、「相手の言葉の裏にある本音」をよむ必要があります。

相手の期待を満たし、自分の気持ちを満たす心の操作法

「女の子は仕事ができなくても、若くて可愛ければ、ニコニコ笑っていればいい」

男性管理職のこの言葉の裏にある本音は何でしょうか？

それを知るには、この男性管理職が美樹さんに何をしてもらいたいと《期待》しているのか？

この男性管理職のどのような《価値観》と美樹さんの言動が相反しているのか？を推測してみればいいのです。

この男性管理職は、美樹さんに何をしてほしいと期待して、この言葉を言ったのでしょうか？

はい、そうです。「お前、俺に対してニコニコ愛想よくしろ」と言いたいのです。

この男性管理職のどのような価値観に美樹さんの言動が反していたでしょうか。

はい、そうです。「仕事は男がするもんだ。女の仕事は男が気分よく仕事できるように陰で支えることだ」という価値観です。男性以上に仕事ができる美樹さんに、彼のこの価値観が崩されようとしていたのです。

次に、美樹さんのこの男性管理職に対する《期待》と、美樹さんのどのような《価値観》にこの男性が反していたのかを考えてみましょう。

美樹さんの男性管理職に対する期待は、「私のことを容姿ではなく、仕事の実績で評価してほしい」ということなのではないでしょうか。

美樹さんの価値観は、「女だって男以上に仕事ができる」というものでしょう。

さあ、二人の期待と価値観が分かりました。では、**双方の《期待》が満たされ、**

《価値観》が尊重されるようにするには、どうしたらいいかを考えてみましょう。

まず男性管理職の期待を満たすには、美樹さんが彼に対してニコニコ愛想よくすればいいのです。男性管理職の価値観を尊重するには、この男性管理職が「有能であること」を美樹さんが認めてあげればいいのです。

このふたつを同時に満たせる方法があります。おだてるのです。
「課長すごいですね、さすがですね」と口先だけでいいからおだててみてください。男性にとって女性から、おだてられることほど嬉しいことはありません。

本心からそう思おうとすると苦しいです。口先だけでいいので言ってみましょう。
「たとえ口先だけでも、そんなことしたくありません」と思われるかもしれません。ですが、たったこれだけで、自分の期待と価値観も満たすことができるとしたら、言ってみる価値があると思いませんか。

美樹さんが、この男性管理職をおだてれば、彼の美樹さんに対する仕事の評価も上がります。もともと、この上司の価値観を覆すほど美樹さんは仕事ができたわけですから、このことをきっかけに「女も大したもんだ」と、美樹さんの価値観を尊重してくれるようになる可能性は高いです。

人が誰かに何かをしたり言ったりするとき、意識しているにせよ、していないにせよ、そこには「相手を自分の思うとおりに操作したい」という気持ちがあります。**あなたの言動によって、相手とあなた双方の期待を満たし、価値観を尊重できるように導けるのであれば、それをやらない手はないと思いませんか。**

それでも相手が、あなたの期待と価値観を無視して、自分のことだけを満たそうとしたのであれば、絶交すればいいのです。

男性社員のセクハラに困っている例

多くの女性が職場で感じている怒りがあります。セクハラです。恭子さんもその一人です。彼女の怒りのメールを転載します。

前職の会社でセクハラされました。数ヵ月疑わしい状態が続き、遂にアクシデントが起こり、会社に相談しましたが、厳重注意で終わりました。

その後、犯人は電車で盗撮を行い、退社しました。その際、会社は解雇にしようとしましたが、顧問弁護士からのアドバイスで自己都合の退社扱いになったようです。

・私が相談したときと対応が違うことへの怒り
・「だから言ったのに……」という犯罪を未然に防げなかった会社への苛立ち
このふたつを感じました。

会社に相談された恭子さんの勇気に敬意を表します。多くの人が泣き寝入りしてしまうからセクハラがはびこり続けるのです。恭子さんのように、怒りを表明すれば、多くのセクハラが消えてなくなります。

男性は、女性がこんなにも不快な思いをしているとは知らないで言葉を発したり、スキンシップのつもりで肌に触れたりしていることも多いのです。そのような人は、一度苦情を言えば、言動を改めてくれます。

しかしながら、セクハラだと分かっていてやっている者は、残念ながら痛い思いをさせてやらなければ反省しません。一度は反省しても、また同じことを繰り返す人も少なくないでしょう。痴漢は常習犯が多いのです。

それにしても、会社の対応にも腹が立ちますね。恭子さんが自分のことを軽んじられたと思われるのも無理はないです。恭子さんはできる限りのことをされたのです。セクハラ社員に対する会社の対応は、恭子さんの力の及ぶところではありません。

自分の力が及ぶ範囲のことをする。

その結果、自分の思うとおりにならなかったとしてもしかたのないことです。

自分はできる限りのことはしたのだと、自分のことを褒めてあげてください。

怒りを感じるのは、相手に期待していることがあるからです。今回の場合、その期待に応える気が会社にはなかったのですから、しかたありません。

あなたの意見を聞かなかったために、事件を起こしてしまった愚かな奴らだと蔑《さげす》んでやりましょう。蔑むのは卑《いや》しいことと思われがちですが、蔑むことで自分のことを相手より上位におくことができます。

上位者は下位の者に多くを期待しないものです。

相手にあなたの期待に応える力があるのか、あなたの期待に応える気があるのか。
それを見極めることで、相手に期待することも変わります。
そのことで、あなたが怒りを感じることも減らすことができます。

セクハラやパワハラを繰り返す人には「目には目を歯には歯を」

さて、セクハラおやじが痛い目にあわないと反省しないように、世の中には痛い目にあわないと反省できない人が残念ながらいます。

第5章でお伝えした伊藤さんのケースのように、**権力を振りかざしてパワハラをしてくるような輩《やから》は、自分も権力に弱いのです**。ですから、そういう輩に反省を促すには、そいつより権力を持っている人に言いつけてやるのが効果的です。

セクハラやパワハラを繰り返す輩を痛い目にあわせて撃退することは、あなたの一人のためだけではありません。あなたのようなつらい思いをする第二第三の被害者を出さないためにも必要なことなのです。

セクハラを会社に訴えた恭子さんのように、勇気を持って行動してください。

ただし、いきなり会社に言うのではなく、まずは本人に苦情を言ってからにしてくださいね。多くの場合、それで解決します。

別れも出会いと同じくらい大切

人生はどのような人と出会い、付き合うかで決まります。それは、どのような人と別れ、付き合わないかということでもあります。

ですが多くの人が、付き合う相手を自分で決めていないのではないでしょうか。

私たちは子どものころから「すべての人と仲良くしなさい」と言われて育ってきました。その暗示が大人になってからも生き続けています。

だから、**嫌われるのを恐れて怒ることができない。**

あなたのことを粗末に扱う人と別れることができない。

高橋がなりさんは「お子さんが、『お前のお父さん、エッチビデオつくってるんだってな。スゲー、スケベだな』とからかわれませんか？」と聞かれて、こう答えたそうです。

「いいじゃないか。こっちから付き合わない相手を決めずにすんで」

あなたのことをバカにしたり粗末にしたりする奴とは付き合わない。

それは、どういう人と付き合うかと同じくらい大切なことです。

別れも出会いと同じくらい大切なのです。

怒ることで新たな出会いが生まれます

あなたが自分を守るために怒りを相手に伝える。

そのことで、多くの場合、あなたは相手とより深い絆を結ぶことができます。

しかし逆に、切れてしまう縁もあります。それはしかたないというよりも、むしろ必要なことなのです。


『怒りは、あなた自身とあなたの大切な人やものを守るためにある感情』

本書では、そのことをずっとお伝えしてきました。

ここで『あなたにとって大切な人』って、どんな人なのか、考えてみてください。

それは、あなたのことを大切にしてくれる人なのではないでしょうか。

あなたが怒ることで、あなたのことを大切に思わない人は、あなたから離れていき

ます。そして、あなたのことを大切にしてくれる人が残ります。

その人が大切にしているものを知りたければ、その人が何に対して怒るかを観察してみればいい。なぜなら、人は自分にとって大切なものを守るために怒るから。

ということは、怒っているあなたを見て、人はあなたが大切にしているものを知ることができます。そのことで、大切にしているものがあなたと同じである人たちが、あなたのもとに集まってくるのです。

そうやって**私たちは怒りによって、お互いを大切にし合える人間関係を築いていくことができているのです。**

おわりに――
「これでもうあなたは幸せに怒れるようになります」

最後までお読みいただいて、ありがとうございます。

本書でお伝えしたかった大切なことをふたつ最後にまとめておきます。

怒りは、あなた自身とあなたの大切な人やものを守るための感情です。ですから、あなたが怒りを感じたにも関わらず、それを我慢しようとしたときには、こう自分自身に確認してみてください。

「私は、何を守ろうとしているのだろう？　怒らないことで、その大切なものを守ることができるだろうか？」

そのことで、あなたは大切なものを守ることができるようになるでしょう。

そして、もうひとつ。怒りは相手があなたの期待に応えてくれなかったときにも感じます。ですから、怒りを感じたとき、怒りを感じる目の前の相手を見ながら、次のように自分自身に問いかけてみてください。

「私は、この人に何を期待しているのだろう？　この人は私の期待に応えるだけの能力があるだろうか？　なぜ、この人は私の期待に応えなければならないのだろうか？」

そのことで、相手に対して、期待していいことと期待しても無駄なことの区別がつくようになるでしょう。

あなたの中の光と闇が統合されましたでしょうか。

あなたの心に、闇と共存する温かで美しい灯りが、灯りましたら喜びです。

本書を多くの人に読んでいただけるようにと、感動的な序文をお書きくださったベストセラー作家のひすいこたろうさん。拝読して、涙が溢れました。ありがとうございます。

執筆の機会を与えてくださったヒカルランドの豊島裕三子さん。長年温めていたものを世に出すことができました。本書は、怒りを我慢して苦しんでいる多くの人々の手にとどくことでしょう。ありがとうございます。

そして、癌になり思うように働けなくなった私を支えてくれた家族と友人たちに感謝を捧げます。

平成二八年　一月吉日　伊豆の自宅にて

矢野惣一

参考文献

『いいことが次から次へと集まってくる 幸せの流れにのる方法』矢野惣一 徳間書店
『子どもの人生を一生幸せにする「愛の言葉がけ」』矢野惣一 講談社
『和解する脳』池谷雄二・鈴木仁志、講談社
『感情力』フランソワ・ルロール＆クリストフ・アンドレ 紀伊国屋書店

矢野惣一　やの　そういち
心理療法家　早稲田大学卒
主催するカウンセラー養成講座からは、受講後に心理カウンセラーとして出版デビューした人16名、ＴＶ出演５名（2016年２月時点）と、一流カウンセラーが次々に生まれている。
心理療法、成功法則、脳科学、量子物理学、ヒーリングなどの知識と技術を体系化し、初心者でも使えるようにマニュアル化した潜在意識活用法を伝えるセミナーを全国でおこなっている。
今までの自分を超え、自分の本当の素晴らしさに気づき、それを活かして周囲に幸せを広げていける人材を生み出すことを人生の使命としている。
主な著書に『いいことが次から次へと集まってくる　幸せの流れにのる方法』（徳間書店）、『子どもの人生を一生幸せにする「愛の言葉がけ」』（講談社）、『うまくいかない人間関係は「愛の偏り」が原因です』（廣済堂）、『癒されながら夢が叶う　問題解決セラピー』（総合法令）、『自分をあきらめないで。絶対うまくいく！』（三笠書房）などがある。

ホームページ　http://www.counseling-school.jp/
無料メルマガ『心も懐も豊かになる潜在意識の使い方』（ホームページからご登録いただけます）

怒っていい!?
〈誰にも嫌われない〉〈相手を傷つけない〉怒り方

第一刷　２０１６年４月30日
第二刷　２０１６年５月１日

著者　矢野惣一（心理療法家）

発行人　石井健資
発行所　株式会社ヒカルランド
〒162-0821　東京都新宿区津久戸町３-11　ＴＨ１ビル６Ｆ
電話　03-6265-0852　ファックス　03-6265-0853
http://www.hikaruland.co.jp　info@hikaruland.co.jp
振替　00180-8-496587

本文・カバー・製本　中央精版印刷株式会社
ＤＴＰ　株式会社キャップス
編集担当　豊島裕三子

ISBN978-4-86471-362-7

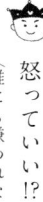

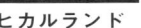

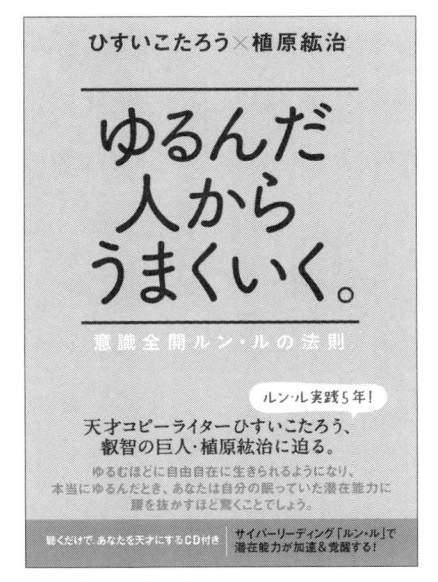

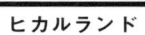

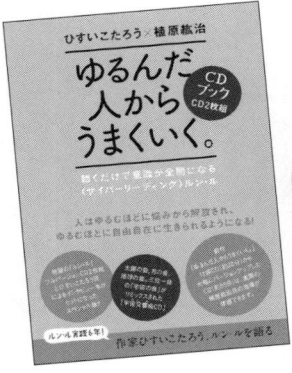

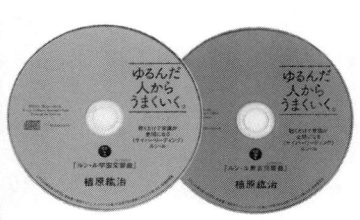